命のファイル

ロボット・テロ・不条理・来世と旧約聖書

佐々木哲夫

教文館

はじめに

『命のファイル』は、人生において遭遇する命に関わる場面についての論考をまとめたものである。構成は、生命体の模倣であり瀆神的との批判があるロボット開発に関わる議論について第１章「ロボットと命――アイボからフランケンシュタインへ」、戦争と平和の本質に関わる考察について第２章「戦禍と命――テロからグローバリズムへ」、震災のような災厄における不条理感の克服について第３章「厄難と命――ヨブとエリフの不条理克服」、死後の命に関わる諸論について第４章「死なない命――来世をかいま見る」である。旧約聖書に言及しながら論考を進め、聖書から語る説教者に関わる課題について第５章「説教演習――旧約聖書から語る」をも収載した。

命に関わる場面を考えるとき、預言者ウリヤのことが連想される。エレミヤ書に以下のような出来事が記されている。

> 主の名によって預言していた人がもうひとりいた。それは、キルヤト・エアリムの人、シェマヤの子ウリヤである。彼はこの都とこの国に対して、エレミヤの言葉と全く同じような預言をしていた。ヨヤキム王は、すべての武将と高官たちと共に彼の言葉を聞き、彼を殺そうとした。ウリヤはこれを聞いて、恐れ、逃れて、エジプトに行った。ヨヤキム王はアクボルの子エルナタンを、数人の者と共にエジプトに遣わした。ウリヤはエジプトから連れ戻され、ヨヤキム王の前に引き出された。王は彼を剣で撃ち、その死体を共同墓地へ捨てさせた。しかし、シャファンの子アヒカムはエレミヤを保護し、民の手に落ちて殺されることのないようにした。
> (エレ 26：20-24)

バト・シェバの夫ウリヤ[1]とは別人のウリヤである。彼は、主の名によって預言をした。預言者エレミヤの言葉と同様に祖国ユダヤがバビロニアによって攻撃されエルサレム神殿が破壊されるとの預言を告げた。それは、民には災いにきこえる内容だった。預言者エレミヤも同じだった。災いの預言は民の反感を買ったのである。悪いことに、ウリヤの預言をヨヤキム王が武将や高官たちと共に聞いていたのである。王は、預言者ウリヤを殺そうとする。預言者とて人の子である。殺されると知って恐れエジプトへ逃げた。しかし、ヨヤキム王の追っ手に拉致され、連れ戻され、打ち殺されたとの事件である。

問題は、同じ内容の預言を語ったにもかかわらず、なぜ、預言者ウリヤは殺され、預言者エレミヤは保護され殺されなかったのか。カインとアベルの出来事[2]と類似の不条理を感じるのである。エレミヤ書の文脈に記されているシャファンはヨシヤ王の時代の書記官であり、シャファンの子アヒカムがゲダルヤに劣らない政治力をもっていたのでエレミヤは保護され助かったとの注解がある。そうであったとしても、神に従って同じ預言活動をしていたにもかかわらず一方は殺され他方は保護されるということをどのように考えたら良いかとの不条理感が残った。

不条理解決の糸口が見つからず、結構長い間考えあぐねていた。淀川キリスト教病院理事長の柏木哲夫先生の「いのちへのまなざし」と題する講演会に出席する機会を得た。講演の中で、作家の三浦綾子さんが亡くなる3年程前に、インタビューに答えて「使命というのは命を使うと書きますよね」と話したことを紹介してくれた。「命が弱ってから小説を一冊書く毎に命を使ったと思う」「小説を書く事は私の使命だと思っている」と言ったというのだ。それを聞いたとき、預言者ウリヤのことを想起した。そして、彼は預言者としての使命を果たしたのだと納得した。他方、エレミヤはまだ果たすべき使命が残っていたのだ。死ぬか死なないかは、不条理として考える出来事ではないと思わされた。預言者エレミヤと預言者ウリヤは、預言者としての使命をそれぞれ担い、責任を果たし、時間こそ異なるが命を使ったのだと

(1) サム下 11：1-27
(2) 創 4：1-7

解した。

私たちにも、託された使命がある。使命と言ってしまうと重すぎるかも知れない。使命に通じる責任がある。もしくは、使命感を帯びるべき仕事がある。もう少し控えめに表現するならば、幾分かの使命感をもってかかわらなければならない場面が人生には少なからずある。本書の論考がそのような場面に遭遇する読者に貢献するものであれば と願う。

目　次

装丁　熊谷博人

第１章

ロボットと命

アイボからフランケンシュタインへ

I　ロボットと文化

1　ロボット犬アイボ

2018年（戌年）1月にソニーは犬型ロボット新型アイボ[(1)]を発売した。3度の先行予約は、1時間で完売になった。アイボとは、実用的なロボット、たとえば家事労働を分担する「家事支援ロボット」や工場作業に従事する「産業ロボット」ではなく、子犬に模した挙動をユーザーが見て和むために開発された「癒し系ペット型ロボット」だ。旧型は、1999年にインターネットを通して販売され、わずか数分間で完売になった実績をもっている。

ロボットは、センサ（知覚系）、コンピュータ（制御系）、アクチュエータ（駆動系）の3要素から構成されるもので、人間にたとえるならば、視覚や聴覚などの五感によって認識された情報が脳に伝達され、その入力データに基づいた人間の意思や判断により、手足の筋肉や骨格などの軀体を動かすことに類比される。また、私たちの身近にある電気洗濯機は、洗濯物を入れてスイッチを押すと、洗濯物の量を測定して投入すべき洗剤の量や洗濯の終了時間を知らせてくれる。蓋を閉めるという最終段階は人間が関与しなければならないので完全な自律型ではないが、このような洗濯機もロボットと称してよい。新型アイボは3要素を統合的に連動させ、なでられる強弱、声の調子、顔の認証などの情報を総合的に学習し、構ってくれる人をランク付けし、応分の対応行動をとるように成長してゆくという。指示された動作だけでなくそれに伴う感情をも表現するいわゆる人工知能（AI）ロボットである。時として飼い主に逆らいつつも自発的になつく仕草をみせる姿に愛らしさを感じて感情を移入させてしまうのがペット型ロボットの魅力だ。

ところが、日本での人気とは裏腹に、旧型アイボの発売時において欧米で

（1）Artificial Intelligence Robot

は好意的に受け入れられることはなかった。欧米の消費者たちは、子犬という生命体を模した玩具を瀆神的なものと見なし、子供たちの情操教育に悪影響を与えると危惧したのである[(2)]。欧米では、ロボットや人工知能の過度な発達は人間に脅威を与える存在であると生理的に拒否する傾向が強いという。本章では、このようなロボットに対する日本と欧米の反応の違いを、それぞれの文化の相違に注目しつつ分析し、特に、旧約聖書における人間創造の記事との関連において論考する。

2　人型ロボット

ロボットに対する日本と欧米の消費者反応の違いについて、パリのソニー・コンピュータ・サイエンス研究所の研究員としてアイボの開発に参加したカプランは、意識の深層に潜在する本質的価値観の相違がロボットに対応する相違の原因であると論じている[(3)]。カプランによれば、日本のロボット工学者の多くは、『鉄腕アトム[(4)]』や『鉄人28号[(5)]』などの漫画、すなわち、異星人の侵略者から地球を救うために敵の技術を借用してサイボーグ的ロボットを造り出すという定型的ストーリーをもつ漫画から影響を受けた世代、換言するならば、敵対者の技術を拒絶するのではなくむしろ平和を創り出すためにそれを積極的に利用する気風を有する世代に属しており、その気風は日本の歴史に散見される伝統であると分析している。

たとえば、明治維新以降の「和魂洋才」の思想、すなわち、日本に脅威を与えるものとして来襲した西洋技術を富国強兵のために逆に積極的に取り込んだ姿勢や、秋の落ち葉を掃き取った後のきれいな庭に利休が不自然だと考えて再度落ち葉を散らした故事に示される価値観、すなわち自然以上に自然な情緒を人工的に創り出そうとする価値観や、古くは天照大神の岩戸隠れの

---

(2) 櫻井圭記『フィロソフィア・ロボティカ――人間に近づくロボットに近づく人間』毎日コミュニケーションズ、2007年、7頁。

(3) Frédéric Kaplan, "Who is Afraid of the Humanoid? Investigating Cultural Differences in the Acceptance of Robots," *International Journal of Humanoid Robotics* 1 (3), 2004: 1–16.

(4) 手塚治虫、1951年。

(5) 横山光輝、1956年。

問題を解決するために神々が繰り広げた疑似的宴会に見いだされると論じる。日本は、自然と人工を共存させる文化を古来より有しており、それがロボット開発の姿勢にも反映されているというのである。[6]

日本でロボット研究が盛んな理由は鉄腕アトムや鉄人28号がいたからであるという神話を検証しようとした瀬名秀明は、多くのロボット研究者にインタビューを行った。その結果、「こちらの予想以上にアトムや鉄人28号の名が口に上がってくる」と驚いている。[7] しかも、鉄腕アトムや鉄人28号は、ロボット開発の単なる誘因にとどまるものでなく、ロボット開発の将来の目標にさえなっているというのである。アトムにおいて目標とされたロボットは、『オズの魔法使い』のブリキのロボット、すなわち魔女の怒りに触れてしまい足腕首胴体を斧で次々に切り落とされたきこりのためにその都度ブリキ屋が代替品を作って出来上がったものの、胴体には心臓がなく愛する心も失ってしまった玩具的ロボットではなく、[8] また、『ロボット三等兵』のように金属製であるがゆえに日常的な肉体労働や兵役義務を苦痛なく引き受けてくれる徹底的に楽天的なロボットでもない。作者の前谷惟光は、漫画の中でロボット製作者のトッピ博士に「科学が進歩すると人間ははたらかなくてもよろしい。すべての仕事はロボットがやるのである。職工も、人夫も、百姓も、自動車の運転も、もちろん衛生屋さんも。そこでわが輩が苦心のすえロボット第一号をつくったのである」と語らせている。当時のロボットの開発目標の事情が窺われる。[9]

アトムは、チャペックの描くロボット、すなわち、人間の労働を肩代わりする身代わり的人造人間ではない。[10] さらには、ロボット法三原則

---

(6) artificial

(7) 瀬名秀明『ロボット21世紀』文藝春秋、2001年、258頁。同『瀬名秀明ロボット学論集』勁草書房、2008年、22-26頁。

(8) L. F. バウム『オズの魔法使い』福音館書店、1990年（原著1900年）。

(9) 前谷惟光『漫画名作館　ロボット三等兵』第1巻、アース出版局、1995年（初版1958年）、4-5頁。

(10) K. チャペック『ロボット（R. U. R.）』岩波書店、1989年、15頁。ロボットとの用語は、強制労働を意味するチェコ語 robota の語根を用いてチャペックが作った造語である。

（１）ロボットは人間を危険な目にあわせてはならない
（２）ロボットは人間の命令に従わなくてはならない
（３）ロボットは自分の体を守らなくてはならない

の拘束の下にあるロボットがセレンの丘の結晶体を取ることを命じられ、丘に発生する一酸化炭素の有毒ガスから自分の身を守ることと取ってくることの狭間に置かれ、すなわち、ロボット法三原則の後者２つの原則の狭間に置かれ、まるで酔っぱらったかのように行ったり来たりの動作を繰り返すアシモフの描くロボットのスピーディとも異なる[(11)]。むしろ、人間の理想とする高邁な倫理観や知性を持ち、かつ、正義の実現のために、空を飛ぶなど人間以上の実行力を発揮する人型（ヒューマノイド）ロボットが目標とされたのである[(12)]。事実、人間的二足歩行を実現した本田技研工業のアシモを開発した技術者広瀬真人は、ホンダの社長から「鉄腕アトムのようなロボットを作って欲しい」と依頼されたという[(13)]。

３　儒教とロボット

日本のロボット開発の黎明期について漫画を参照しつつ説明できるとしてもそれで十分ではない。ロボットを肯定的に受容した日本文化そのものについて論考する必要がある。日本文化の特徴として、カプランが指摘するように明治期の和魂洋才を挙げることができる。儒学から洋学へ転向した佐久間象山（1811-1864年）の「東洋の道徳、西洋の芸術」や横井小楠（1809-1869年）の「堯舜孔子之道、西洋器械之術」の言葉は、日本の伝統的道徳と西洋

(11)　I. アシモフ『うそつきロボット』岩崎書店、2003年、67頁。『瀬名秀明ロボット学論集』37頁。
(12)　大阪大学大学院工学研究科知能ロボット学教授石黒浩は、ヒューマノイドロボットの中でも特に見かけが人間と酷似しているロボットをアンドロイドと呼んで区別している。港隆史／嶋田倫博／石黒浩「相互作用研究のためのアンドロイド開発」『情報処理学会関西支部大会講演論文集』2003年10月、99-102頁。
(13)　凡平『解剖！歩く ASIMO』技術評論社、2004年、70頁。ホンダは、1980年に始めたアシモ開発プロジェクトを2018年に中止することを決めた。今後は、アシモの技術を実用ロボット開発に生かしていくという。日本経済新聞2018年6月29日13面。

の実利的技術の両方を兼ね備えることによって日本の文明国家としての独立と国力充実を図る思想だった。しかし、異文化を受容し、さらにそれを自分の文化の中で独自に変容、発展させる姿勢は、開発途上国が先進国の先端技術と出合う異文化遭遇時に見られる一般的なものである[(14)]。すなわち、異なる2文化が遭遇する場合、一方（弱者）が他方（強者）を頑に拒絶する場合や、優勢文化（強者）が劣勢文化（弱者）を一方的に吸収してしまうという場合がある。たとえば、使徒パウロが伝えるイエス・キリストの福音をテサロニケのユダヤ人は拒絶したが、ベレアのユダヤ人は素直に聞き入れ旧約聖書によって熱心に検証し、受け入れている[(15)]。さらに、弱者の文化のヘブライズムと強者の文化のヘレニズムが融合してキリスト教文化を生んだように2つの文化が創造的に融合して新しい文化を生み出す場合もある。ロボットという先進技術に対し日本文化が示した反応は第三のそれであり、日本において独特なものではなく、むしろ一般な受容の現象だったと考えられる。

岩戸隠れの神話のように『日本書紀』や『古事記』などに示される日本古来の精神的伝統が日本のロボットを受容する文化の遠景要因であるとカプランは指摘したが、そのように指摘する人物は彼だけではない。1984年のロンドン・サミット（第10回）において、日本経済発展の秘密に関して英国サッチャー首相から質問された当時の中曽根首相は、次のように答えている[(16)]。

> 日本ではロボットがどんどん使われている。中小企業でもロボットは普通のことになって来ている。何故かというと我々はロボットを簡単に受け入れられる精神的土壌がある。ロボットは我々の仲間だと思っている。だから労働者がロボットに対してそれほど抵抗感をもっていない。何故なら日本人は大きな石にも大きな木にも、山にも神が宿ると考えて

---

(14)　ジョン・リッチズ『イエスが生きた世界』新教出版社、1996年、97頁。

(15)　使17：11-13

(16)　「第五十五回全国経営者大会における講演、国際情勢の展望と日本の進路、地平線をこえて（中曽根内閣総理大臣）」1984年7月16日、データベース『世界と日本』「中曽根演説集」東京大学東洋文化研究所田中明彦研究室、494-507頁（http://www.ioc.u-tokyo.ac.jp/~worldjpn/documents/texts/exdpm/19840716.S1J.html）。

いる。そして我々もその仲間の一人である。そう考えている多神教哲学である。ところが、貴方がた一神教の世界ではロボットなどは怪獣怪物の一種であって、フランケンシュタインの一種だと貴方は思うでしょう。日本ではロボットに太郎とか次郎とか名前をつけて、そして創業記念日とかお正月にはビールを一杯もっていってロボットに「おい兄弟、一杯飲めや！」とビールをやるんですよ。

このエピソードは、自動車工場などのラインで稼働する産業ロボットに歌手の名前を愛称として付けていた現場を承知していた中曽根首相が即興的に答えたというのではなく、彼の政治目標の国家的理念を表明した言葉だった[17]。すなわち、中曽根首相は、日本の教育の方向性に関し、次のように記している[18]。

ヨーロッパにはキリスト教がありますが、日本の場合にはそういう思想的根底がないのです。それで戦後においては英国流の功利主義とか、米国流のプラグマティズム（実用主義）とか、フランス流の個人主義とか、経済中心・個人至上主義みたいなものが非常に蔓延してしまったのです。戦前にあったような儒教、朱子学による仁義礼智信とか、あるいは恥とか、武士道とか、日本固有のディシプリン（規律）が欠落してきました。かつて日本には一つの共同体とか、集団とか、帰属という観念がありました。家庭、地域、会社、あるいは国においてもそうです。そういうものが非常に微弱化され、個人主義万能に変化したのです。そういう基本から見直さなければなりません。それをどうして直すか。

ここで言及されている朱子学とは、宋で学んだ後1211年に帰国した真言宗僧侶俊芿（しゅんじょう）によって移入された思想のことであり、儒学における新しい学問体系のことである。それは基本的に無神論の思想であり、「気」を物質と

(17)　大木英夫『「宇魂和才」の説——21世紀の教育理念』聖学院大学出版会、1998年、180頁。
(18)　中曽根康弘『二十一世紀 日本の国家戦略』PHP研究所、2000年、86頁。

解し、「理」をエネルギーと解するならば現代科学とも相通じるもので、西洋科学の受容という日本の土壌を形成した思想と言われている[19]。朱子学は、江戸時代に林羅山によって武家政治の基本理念として再興され、さらに、天皇中心の国家形成をめざす尊王思想として発展し、倒幕運動と明治維新にも連なった思想である。羅山は、著書『本朝神社考』において日本人にとっての王道である神道が本地垂迹説の影響もあり中世に到って仏教と習合し衰えてしまったと危惧し、仏教を排し儒教の存在意義を神道の権威を借りて高めようとして理当心地神道を唱え、神儒合一を図ったのである[20]。

明治維新の革命思想となった平田篤胤の復古神道は、『古事記』や『日本書紀』などの古代の神典を重要視してはいるものの、キリスト教と習合した思想、すなわち、一神教的・来世的・倫理的な色彩を持つ思想の国家神道に変容した[21]。国家神道の成立事情について、新田均は次のように解説している[22]。

> 東京帝国大学名誉教授で日本研究家のバジル・ホール・チェンバレンが明治四十四年に発表した論文「新宗教の発明」（において）……「日本人の天皇崇拝などというものは、欧化主義の流行によって国民の愛国心が失われることを恐れた政府が、明治二十年以降に生み出した新しい宗教に過ぎない」と断じている。

チェンバレンの論文について、同じく東京帝国大学で宗教学を教えていた加藤玄智は、浄土真宗の信仰を持っていた者だったが日露戦争以降に神道研究を始めていたこともあり、「外国人研究者には日本の真相が十分にわから

(19)　山本七平「なぜ日本人にはロボットアレルギーがないのか」『現代のエスプリ——ロボットと人間』第187号、至文堂、1983年、136-43頁。

(20)　鈴木健一『林羅山』ミネルヴァ書房、2012年、159-60頁。平重道「近世の神道思想」『近世神道論前期国学』日本思想体系39、岩波書店、1972年、507-13頁。本地垂迹説とキリスト教との関連、また儒教・仏教・神道・国学の関係については、森和也『神道・儒教・仏教』筑摩書房、2018年、288頁以下参照。

(21)　古屋安雄／大木英夫『日本の神学』ヨルダン社、1989年、65、91頁。

(22)　新田均『「現人神」「国家神道」という幻想』PHP研究所、2003年、54-57頁。

ないために誤解がひろがる恐れがある」と案じ、明治45年に『我が国体思想の本義』を著し、その中で、次のような対応図式を提起し、絶対神的天皇論を主張した。

日本人は皆神の子……天皇陛下は、殊に秀でて神の孫……神より一段低い神の子ではなくして、神それ自身である。……明らかにバイブルにおける神の位置を日本では天皇陛下が取り給うて居った……西洋にあっては即ち神、日本にあっては天皇陛下、西洋にあっては宗教上の信仰、日本にあっては忠孝一本、西洋にあっては基督教、日本にあっては天皇教。

儒学、特に、朱子学は禅僧によって中国からもたらされたこともあり、禅林の門をくぐった者によって発展した。やがて還俗した儒学者は、出家を旨とする仏教ではなく五輪を説く儒教を日本支配の価値観とする。それは、「道」を説く国学をも超克したと思われた。しかし、堯舜孔子の道はキリスト教との出会いによって国家神道に変容してゆく。やがてこの流れは、天皇が現人神であることを否定したと解されている1946（昭和26）年のいわゆる人間宣言に至る。上述のように容易に変容し得る思想の系譜に今日のロボット開発における日本の文化的価値観の淵源を見いだすことは、正鵠を得たものとは言い難い。

4　仏教とロボット

ロボットに対する日本的文化感覚に関して論考すべきもう1つの文化潮流は仏教思想である。日本のロボット工学の第一人者でロボット・コンテストを提唱したことから「ロボコン博士」とも呼ばれている東京工業大名誉教授森政弘は「ロボットにも仏性がある。私はこのことを信じて疑いません。（中略）犬に仏があり、ロボットにも仏があり、もちろんわれわれ人間にも仏がましましている」と発言している[(23)]。森の研究分野を自動制御学へ転向

(23)　森政弘『森政弘の佛教入門』佼成出版社、1974年、6頁。同「ロボットと人間と宗教と」『佼成』（立正佼成会機関誌）12月号、1983年、43-44頁。

させるきっかけとなった『サイバネティックス』の著者ノーバート・ウィーナーは、人工の機械も生物と同じように学習したり自己増殖したりする可能性が十分あると考え[24]、義手や翻訳機械という具体例を挙げながら「機械と人間との混成系」の可能性を提言した学者である[25]。すなわち、サイバネティックスの基本概念は、ロボットが限りなく生物体に近い存在になることを予示したのである。1971年10月に東北大学工学部青葉山キャンパスで行われた計測自動制御学会創立10周年東北地区記念講演会で、森は「自然と人工・継承と創造」と題して講演を行い、「人間は自然界の中の存在であり、それゆえ人間の作り出す人工物もまた自然の一部である」と語っている[26]。講演会に出席してその講演を拝聴した筆者は、自動制御研究の第一人者が仏教思想的内容の話をしたことに大変驚いたことを記憶している。往生したのちに導師に導かれて涅槃の境地に至る、すなわち仏になるとの考えは、原始仏教や上座部仏教とは異なる大乗仏教の教えである。日本の仏教は、大乗仏教の系譜にあるので「一切衆生悉有仏性(いっさいしゅじょうしつうぶっしょう)」[27]の枠の中にロボットを置くことも可能なのだろう。森は次のように説明している[28]。

> 仏性とはこの天地大自然のすべてを動かしている真理、あるいは法則というものであって、宇宙のすべてにビッシリと寸分のすきまもなく存在しているものであり、われわれは仏性の外に一歩も出ることは出来ない。……ぼくが作った機械やロボットは、仏さまによって造られたぼくが設計製作したものなのだから、(間接的に)仏さまがそれらの機械やロボットを設計製作されたことになってしまうわけだ。……われわれは

---

(24) N. ウィーナー『サイバネティックス——動物と機械における制御と通信』岩波書店、1962年、203-17頁。

(25) 同『科学と神』みすず書房、1965年、77-92頁。

(26) 『計測自動制御学会創立十周年東北地区記念講演会別刷』1971年10月28日(木)1-21頁。

(27) 『涅槃経』の教えで、一切衆生が仏性(仏となる可能性)を有するという大乗仏教の原則的主張である。早島鏡正監修『仏教・インド思想辞典』春秋社、1987年、373-75頁。

(28) 森政弘『心眼——エサしか見えないカエル』佼成出版社、1976年、237-38、246-47頁。

自分が機械を動かしていると思ってはならない。仏さまが仏性を動かしているのである。

ところで、仏教文化の影響は、仏性論にとどまらず今日の日本人の意識の中に広く浸透している。たとえば、日本語の「平和」は、「人の心、物の性質、人間関係などが穏やかなさま」であり、文字通り平らかで和やかな気持ちのことである。[(29)] このような平和理解は、「波風の立つことを避けてひたすら忍耐しつつ沈黙を守れば成就する」という古代仏教の平和観に依拠したものである。[(30)] 排斥するよりも受容して波風を荒立てないという仏教文化の特色は、ロボットに対する日本人の受容の姿勢に少なからず影響を与えていると考えられる。

5　欧米文化とロボット

日本人の意識の深層に潜在する本質的価値観を分析した後、カプランは、欧米の文化についても分析を行っている。[(31)] 欧米文化の感覚は、自然と人工の間に一線を引くものであり、それは欧米の神話や小説によっても浮き彫りされるというのである。たとえば、キプロスの王ピグマリオン神話が挙げられる。ピグマリオンは、理想の女性ガラテヤを象牙で彫刻し、その彫像ガラテヤに恋をしてしまう。愛の神アフロディテは、ピグマリオンの祈りに応え、ガラテヤを現実の女性に変化させる。結局、2人は結ばれ、王室を継ぐべき王子が与えられる。この神話は、人工物が人間の仲間や伴侶に変化するという西洋における最初の物語であると考えられている。特に、ガラテヤが人工物のままでなく隔ての一線を乗り越えて真の人間に変化したことに特徴がある。[(32)]

もう1つは、ユダヤのゴレム伝承、特にカバラでの伝承である。ヘブル語

(29)　『古語大辞典』第5巻、角川書店、1999年、270頁。
(30)　『仏教・インド思想辞典』400-401頁。
(31)　Kaplan, “Who is Afraid of the Humanoid?” 8-14.
(32)　丹羽隆子『ギリシャ神話』大修館書店、1985年、129-31頁。「ピグマリオン」『ルソー全集』第11巻、白水社、1980年、157-68頁。

の名詞形ゴレムは、旧約聖書では、詩編 139 編 16 節「胎児であったわたしをあなたの目は見ておられた。わたしの日々はあなたの書にすべて記されている。まだその一日も造られないうちから」の記述における「胎児」と訳出されている用例が唯一である。ユダヤ伝承であるタルムードでは「未定形のもの」「不完全なもの」を意味する用語として使われており、特に、アダムが創造されてから最初の 12 時間は魂の存在しない体という意味においてゴレムと呼ばれている[(33)]。

ある製作者が粘土を材料にしてゴレムを形作り、ヘブル語の「エメト」(「真実」אמת) という単語を額に記すことによってそれを生きるものとする。やがてゴレムが尊大で危険な存在になってしまったので、製作者は אמת から最初のアレフの文字 (א) を隠してしまう。すなわち、「真実」(אמת) ではなく「死」(מת) を意味するヘブル語に変えたというのである[(34)]。これがゴレム伝承である。いずれの物語においても、人工物の創造は、瀆神行為とは見なされていない。前者ではギリシア神話の神の介入によって真の人間に変化しており、後者では旧約聖書の創造神に倣う展開となっている。いずれの物語もそれぞれの文化と宗教の伝統の中に収まる伝承である。

しかし、18 世紀にこれらの伝統が変化したとカプランは分析する。すなわち、産業革命に代表される科学技術の発達が人間の原初的環境である自然に対し否定的に対峙するようになったというのである。たとえば、ルソーは、生産技術が発展した悪しき社会状態ではなく、良き社会状態へと発展し得る自然状態を理想とし、後続のロマン主義思想家たちは、啓蒙主義の理性的普遍性ではなく、人間の内面的な感情や直感などの自然体験を重視したのである[(35)]。

18 世紀以降、自然からのしっぺ返しを受ける主題が取り扱われるようになる。たとえば、ゲーテは、『魔法使いの弟子』において「魔法使いの親方

---

(33) "GOLEM", *Encyclopedia Judaica* 7: 754. 金森修『ゴーレムの生命論』平凡社、2010 年、21-26 頁。

(34) "GOLEM", 754.

(35) 平岡昇「ルソーの思想と作品」『ルソー』中央公論社、1966 年、27、49 頁。三島憲一「ロマン主義」『岩波哲学・思想事典』岩波書店、1998 年、1748-49 頁。

が出かけた留守に、未熟な弟子が呪文を唱えて水を出させてみる。やがて、水が溢れてまわりはみるみる水浸しになるが、弟子は水を止める呪文を忘れてしまう。水と格闘したすえに、親方が戻ってきて水を止めてくれる」との物語を記し、自然が人間に逆襲する内容を展開させている[(36)]。さらに、ゲーテは、バラード『ピグマリオン』の結びにおいて「やがては君も踏むだろう、おろかな彫刻家の轍（わだち）」と記し、ピグマリオン神話のハッピーエンドを否定的作品へと変容させている[(37)]。ゴレム神話の再解釈は、ホフマンの『砂男』やチャペックの『ロボット』の人造人間にも見られる[(38)]。『砂男』では、老弁護士コッペリウスと大学教授スパランツァーニが製作した自動人形の女性オリンピアに恋してしまったナタナエルは、最終的には発狂してしまい、館の上から墜落死する。自動人形の作製に関わった者たちの悲惨な姿と対照的に、自動人形に関わらなかったナタナエルの恋人クララは優しい夫と２人の子供たちに囲まれる幸せな家庭を手に入れる。物語は「この幸福は、支離滅裂に心を引き裂かれていたナタナエルの手によっては、叶えられないものだったにそういない」の言葉で閉じられている[(39)]。

チャペックの『ロボット』では、ロボットが人間に対し「あなた方のためにはもう働きません……あなたがたがロボットのように有能ではないからです。ロボットが何もかもします。あなた方ときたら只命令するだけです」と語り、人間に対する反乱を起こす。「世界のロボットよ！　人間の権力は地に落ちた。工場の占領により、われわれはあらゆるものの支配者となった。人類の時代は終わった。新しい世界が来たのだ！　ロボットの国家だ！……人間はいない。ロボットよ、仕事にとりかかれ！」の言葉が記されている。人間を苦役から救うために人造人間ロボットを創り出すが、逆に、それによって人類が滅んでしまう結末になっている[(40)]。

その代表的作品が『フランケンシュタイン』の人造人間だ。死体を材料に

---

(36)　万足卓『魔法使いの弟子——評釈・ゲーテのバラード名作集』三修社、1982年、142-48頁。

(37)　同6-11頁。

(38)　金森『ゴーレムの生命論』142-45頁。

(39)　E.ホフマン「砂男」『諸国物語』ポプラ社、2008年（原著1817年）、220頁。

(40)　チャペック『ロボット』161-62頁。

して形作られた人造人間は、自らの心と知性の豊かさと身体の醜さとの狭間に苦悩し、作ってはいけない不自然な人工物を創り出したフランケンシュタイン博士を殺してすべてを解決させようとする。最後に、「地球の北の果てまで行くのさ。自分の火葬の薪の山を集めて、このみじめなからだを灰にしてしまうのだ。またおれのようなものをつくろうという好奇心の強い罰当たり野郎が、おれの死体を見て何かの知識を得るようなことがあってはならんからね」の言葉を残し、氷の筏に乗って北海の闇へと消えてしまう[(41)]。やるせない内容の物語である。人造人間やロボットを創造したいという憧れと、不完全な被造物によって製作者である人間自身が滅ぼされてしまうとの不安が混合した心理「フランケンシュタイン・コンプレックス」は、アシモフが「〈フランケンシュタイン・コンプレックス〉（わたしはいくつかの作品にこの言葉を使った）に毒された人間、哀れな機械をきわめて危険な存在だとかたくなに思いこんでいる人間に苦しめられた」と説明しているようにアシモフの造語であるが、これは、欧米の文化におけるロボットに対する深層に潜在する否定的心理を表現している[(42)]。また、ウォリックは、著書『サイバネティック SF の誕生』の中で「神の驚くべき創造の業を模倣することほど、恐ろしい人間の行為はないのだから。その学者は自分の作り出したものに戦くことだろう。そして恐怖に怯えながら、おぞましい自分の所業から逃げるように走り去っていくことだろう」と記している[(43)]。

このようなロボットに拒否的な欧米文化の中でも童話『ピノッキオの冒険』は、人形が人間の子になるという例外的な内容になっている。ところが、やはり、ジェッペットじいさんが人間に変化したピノッキオに「わるい子がいい子になるとな、その子は、家族のものまでみんなを、はればれとにこやかな顔にすることができるものなのさ」と語る。ロボットを拒絶するが人間に変容するならば受け入れるという欧米の深層心理を逆説的に表現し

---

(41) メアリー・シェリー『フランケンシュタイン』角川書店、1994年（原著1818年）、286-7頁。

(42) アシモフ『ロボットの時代』早川書房、2004年、16頁。

(43) パトリシア・S. ウォリック『サイバネティック SF の誕生』ジャストシステム、1995年、61頁。

ている台詞である。[44] 同じように素朴で純粋無垢なロボット少年が人間になりたいと熱望する内容を主題とした未来版ピノッキオSF物語、スティーヴン・スピルバーグ監督が2001年に発表した映画『A.I.』では、案の定、ロボット少年はどんなに人間になりたいと純粋に熱望し、謙虚に努力してもロボットである限りは、その希望は叶えられないとの物悲しい結末になっている。フランケンシュタインの物語と同様、欧米文化におけるロボットと人間の間に横たわる深い溝が暗示されている。

6　ロボット開発と文化

ロボット開発に対する意識の相違を上述のように宗教的または文化的視点から分析することは、ステロタイプな論考であり現実とは異なるとの報告もある。たとえば、日本やアメリカを含む数カ国におけるアンケート調査に基づいて、日本よりもアメリカのアンケート対象者のほうがロボットの自律性や感情性に高い期待感を持っており、自然や神への冒瀆をそれほど感じていないとの報告がある。[45] この調査は、アンケート対象者が大学生など比較的若い世代、換言するならば、宗教や思想などの伝統や文化にそれほど拘束されていない世代であることに留意しなければならない。カプランや森政弘など今日のロボット開発に携わっている第一線の研究者たちの発言を勘案するならば、やはり、宗教や思想などの文化的影響のあることは確かである。たとえば、

> ロボットに興味を持つことは人間に興味を持つことと一緒だ。ロボットとは何かを深く考えていけば、脳科学に行き着く人、心理学に行き着く人、やっぱりロボットを作ろうと思う人、いろんな人がでてくるはず。

---

(44)　C. コルローディ『ピノッキオの冒険』福音館書店、1970年（原著1883年）、410頁。

(45)　野村竜也ら「ロボットと聞いて何を想定するか——日・韓・米の比較調査から」『日本グループ・ダイナミックス学会第54回大会発表論文集』2007年、30-33頁。Christoph Bartneck et al., “The Influence of People's Culture and Prior Experiences with Aibo on their Attitude towards Robots,” *AI & Soc.* 21 (2007): 217-30.

単純にロボットを作りたいってだけじゃなく、そうやって深く考えて、自分なりのロボットに対する新しい考え方を持てば、新しいロボットができていくのではないかと思う。

の発言が示唆するように[46]、ロボット技術の専門的知識だけでなく、ロボット開発者の属している伝統や文化が、少なからずロボット開発の潜在的意識を形成している。カプランは、旧約聖書が欧米のロボットに否定的な文化の潜在的意識を形成したことを最後に言及している。しかし、その点に関し詳しい議論を何も行っていない[47]。本章では、ロボットに対する欧米の潜在的意識を形成したと評された旧約聖書との関連についてさらに考察を進める。

---

(46) 宮下敬宏／神田崇行「Message 04 石黒浩」『ロボット研究者からのメッセージ』日本ロボット学会監修、オーム社、2007年、29頁［『ロボコンマガジン』2002年4月初出］。

(47) Kaplan, “Who is Afraid of the Humanoid?” 12.

Ⅱ　ロボットと旧約聖書

1　創世記とロボット

旧約聖書における人間創造に関する最初の言及は、創世記1章26-27節である。

神は言われた。「我々にかたどり、我々に似せて、人を造ろう。そして海の魚、空の鳥、家畜、地の獣、地を這うものすべてを支配させよう」。神は御自分にかたどって人を創造された。神にかたどって創造された。男と女に創造された。

当該箇所の釈義は、ヘブル語原典を解釈する旧約聖書学によってなされている[48]。釈義[49]とは、ギリシア語の「導き出す[50]」に由来する用語で、聖書本文の意味を明らかにするとともに聖書本文が内含する使信[51]を読者に提示する文学的作業、すなわち、聖書の本文を対象とする解釈のことである。創世記1章の釈義においては、特に、唯一神の発言になぜ複数表現の「我々」が使われたのか、また、「かたどり」や「似せて」の表現が具体的に何を意味しているのかについて考察されている。たとえば、前者については、「天上の会議」「三位一体の神」「尊厳の複数」の説明に加え、唯一の神による「内的

---

(48)　左近淑「釈義」『旧約聖書神学事典』教文館、1983年、227-29頁。John H. Hayes and Carl R. Holladay, *Biblical Exegesis* (Atlanta: John Knox Press, 1982), 5; Douglas Stuart, *Old Testament Exegesis* (Philadelphia: The Westminster Press, 1980), 15.

(49)　exegesis

(50)　ἐξηγέομαι

(51)　message

熟考[52]」などの解釈が提示されている[53]。後者の「我々にかたどり[54]」と「我々に似せて[55]」については、エイレナイオス（紀元130年頃-200年頃）が「かたどり」と「似せて」を区別して以来、「自然的類似[56]」と「超自然的類似[57]」の意味に分ける解釈が主にカトリック神学において継承されてきた[58]。

釈義的考察においては、前置詞「～に[59]」と「～に似せて[60]」の互換性、たとえば、創世記5章1節「自分に似た、自分にかたどった男の子をもうけた[61]」では前置詞 בְּ־ と前置詞 כְּ־ が入れ替わって記述されており、さらに、「かたどり[62]」と「似せて[63]」の語順も1章26節と逆になっていることから、「かたどり」と「似せて」の表現は互換可能な同義的用例であると解された。すなわち、重複表記によって、神の代理者として被造世界を治める権限が人間に付託されたことを表現しているとの理解が提示された。すなわち創世記1章26-27節において主眼とされていることは、創造主である神が人間を造ったとの基本概念である。

さて、創世記1章26-27節だけでなく、もう1つの創造記事である創世記2章7節をも概観する必要がある。邦訳は下記の通りである。

主なる神は、土（アダマ）の塵で人（アダム）を形づくり、その鼻に命

---

(52) self-deliberation

(53) G. J. Wenham, *Genesis 1-15,* Word Biblical Commentary no. 1 (Waco, Texas: Word Books, 1987), 27-28; P. Joüon and T. Muraoka, *A Grammar of Biblical Hebrew: Part Three: Syntax* (Roma: Editrice Pontificio Istituto Biblico, 1993 [1991]), 375-76.

(54) בְּצַלְמֵנוּ ("in our image")

(55) כִּדְמוּתֵנוּ ("like our likeness")

(56) natural likeness

(57) supernatural likeness

(58) C. Westermann, *Genesis 1-11*, trans. J. J. Scullion (Minneapolis: Augusburg Publishing House, 1984 [original in 1974]), 148-49.

(59) בְּ־ "in"

(60) כְּ־ "like, according to"

(61) וַיּוֹלֶד בִּדְמוּתוֹ כְּצַלְמוֹ

(62) צֶלֶם

(63) דְּמוּת

の息を吹き入れられた。人はこうして生きる者となった。

18世紀以降の旧約聖書学では、創世記2章7節と創世記1章26–27節を編集前の資料としてのP資料やJ資料を想定し、それぞれに固有な神学的意図を構築する解釈が行われてきたが、本節では、そのような通時論的視点ではなく、聖書の最終形態であるテクストそのものに注目する共時論的視点から考察する。[(64)]共時論的視点からの考察は、相互テクスト性[(65)]を意識しての解釈でもある。すなわち、テクストとは、分析の対象となる文芸作品や文書に限定されるものではなく、著者自身やその時代全体をも含む広義の意味において理解される文脈のことである。それゆえ、1つのテクストを解釈する場合、関連する他のテクストを同時に考察し、また、著者もしくは読者とテクストとの関係性に配慮しながら、当該テクストの意味を解明しようとする。[(66)]

創世記2章7節には、人間が生きる者とされたことが記されている。すなわち、土の塵で形づくられ、その後に命の息が鼻に吹き入れられている。命の息は、動物の創造には用いられていない表現であり、単に呼吸し始めたというのではなく、第一原因とでも言うべき神との特別な関係が示唆されている。たとえば、息を引き取ることは、単に呼吸が止まって体が地の塵に戻るだけの現象でなく、[(67)]人の霊と息吹とが神のもとに集められる出来事である。[(68)]預言書に次のような記述がある。

わたしは命じられたように預言した。わたしが預言していると、音がし

(64)　津村俊夫「人間の創造について——二つの創造物語」『聖書セミナー No. 13 ——創造と洪水』日本聖書協会、2006年、76–112頁。

(65)　intertextuality

(66)　Steve Moise, “Intertexuality and the Study of the Old Testament in the New Testament,” *Jounal for the Study of the New Testament,* Supplement Series 189 (2000): 14–41; 並木浩一『「ヨブ記」論集成』教文館、2003年、191頁。

(67)　「手をもってわたしを形づくってくださったのに、あなたはわたしを取り巻くすべてのものをも、わたしをも、呑み込んでしまわれる。心に留めてください、土くれとしてわたしを造り、塵に戻されるのだということを」(ヨブ10：8–9)。

(68)　「もし神が御自分にのみ、御心を留め、その霊と息吹を御自分に集められるなら、生きとし生けるものは直ちに息絶え、人間も塵に返るだろう」(ヨブ34：14–15)。

た。見よ、カタカタと音を立てて、骨と骨とが近づいた。わたしが見ていると、見よ、それらの骨の上に筋と肉が生じ、皮膚がその上をすっかり覆った。しかし、その中に霊はなかった。主はわたしに言われた。「霊に預言せよ。人の子よ、預言して霊に言いなさい。主なる神はこう言われる。霊よ、四方から吹き来れ。霊よ、これらの殺されたものの上に吹きつけよ。そうすれば彼らは生き返る」。わたしは命じられたように預言した。すると、霊が彼らの中に入り、彼らは生き返って自分の足で立った。彼らは非常に大きな集団となった。　(エゼ 37：7-10)

神に由来する霊の息吹によって生きる者となったことが描写されている。聖書の人間理解は、ヘレニズム文化における三分法（精神・魂・肉体）のようなものではなく、全人格的総体としての人間である[69]。

創世記 2 章 7 節の記事をロボット開発に類比的に適用させてさらに論考を進める。今日、ロボットは、単なるからくり人形や動くおもちゃではなく、機構学や機械要素学やコンピュータの進歩によって自然で複雑な人間的動きを実現しつつ進歩してきた。換言するならば、ロボットの外観や動作や知能だけでなく心を持たせることまで議論されている。たとえば、情報処理機能の議論において、心脳同一説などの唯物論やデカルト以来の心身二元論では解決できないレベルにまで進展している[70]。このようにロボットの完成度が高まり人間に接近してきた時、たとえば、アシモ開発がそうであったように、技術者たちは、創造主なる神の領域に踏み込んだのではないかとの不安を覚えるのであろう。アシモの開発担当者は、ロボット製作の是非をカトリック教会のローマ教皇に問い合わせ、肯定的な返答を得て安堵したという[71]。確かに、人間に酷似した外観と動作を有する自律型ロボットには、人

(69)　大木英夫「人間」『キリスト教組織神学事典』東京神学大学神学会、教文館、1972 年、282-83 頁。

(70)　喜多村直『ロボットは心を持つか――サイバー意識論序説』共立出版、2000 年、16-26、45-51 頁。加藤一郎「ロボットからみた心」『「心」とは？』人体科学会、丸善プラネット、1994 年、202-14 頁。ただし、アシモの開発担当者は、ロボットに心を持たすべきではないと考えていた。凡平『解剖！歩く ASIMO』81 頁。

(71)　同 76 頁。

間と同じように社会的もしくは宗教的な道徳観や倫理観が問われてくると想定される。しかし、創世記1章26-27節にも創世記2章7節にも、ロボット開発を否定する明示的記述は含まれていない。次に、創世記後の契約であるモーセの十戒に注目し論考を進める。

2　モーセの十戒とロボット

「十戒」は、旧約聖書の出エジプト記と申命記に記されているが、本節では、前者から、特に、十戒の第2戒の出エジプト記20章4-11節を引用する。(72)

> あなたはいかなる像も造ってはならない。上は天にあり、下は地にあり、また地の下の水の中にある、いかなるものの形も造ってはならない。あなたはそれらに向かってひれ伏したり、それらに仕えたりしてはならない。わたしは主、あなたの神。わたしは熱情の神である。わたしを否む者には、父祖の罪を子孫に三代、四代までも問うが、わたしを愛し、わたしの戒めを守る者には、幾千代にも及ぶ慈しみを与える。

「あなたはそれらに向かってひれ伏したり、それらに仕えたりしてはならない」に示されるように、偶像製作を禁じるだけでなく、他の神々への礼拝が禁じられている戒めである。偶像、すなわち「いかなる像」「いかなるものの形」とは、出エジプト記32章4節「彼はそれを受け取ると、のみで型を作り、若い雄牛の鋳像を造った。すると彼らは、『イスラエルよ、これこそあなたをエジプトの国から導き上ったあなたの神々だ』と言った」との記述に示されているとおり、彫像と鋳像の両方の意味で用いられている。彫像品であれ鋳造物であれ、被造物に似せての像のことである。(73)偶像禁止の理

(72)　出エジプト記20章1-17節、申命記5章6-21節に記されている十戒については著者による入門的解説がある。佐々木哲夫／D. N. マーチー『はじめて学ぶキリスト教』教文館、2002年、176-91頁参照。

(73)　J. シュタム／M. アンドリュウ『十戒』新教出版社、1997年（復刊第1刷）［原著1967年］137、142頁。

由は、それが崇拝対象物になるからであるが、神の換喩的表示としての対象物に堕ちた故か、もしくは、偶像が神の隠喩的表示として不適切な方法だった故か、種々議論されている。換喩的表示とは、偶像と神との間に類似性や因果関係がなくとも、因習的に両者の関連を認める表示方法のことであり、また、隠喩的表示とは、偶像という物体をとおして、次元を超越する神、もしくはその神性を感じ取るという表示方法である[(74)]。ここでは、偶像製作や人間創造やロボット開発との関連において論考を進める。

十戒の第2戒で否定されていることは偶像礼拝である。聖書本文は、「いかなる被造物の形も造ってはならないこと」また「それを拝みそれに仕えること」の2つに大別して表現している。前者は後者と密接に関係している。すなわち、偶像礼拝を禁じると同時にその前段階である像の作製という行為自体をも禁じている。両者の関係を考察する手掛かりになる事件として、十戒の第4戒とされている「安息日を心に留め、これを聖別せよ。六日の間働いて、何であれあなたの仕事をし、七日目は、あなたの神、主の安息日であるから、いかなる仕事もしてはならない[(75)]」に関係した事件がある。ある男が安息日に薪を拾い集めた出来事である。

> イスラエルの人々が荒れ野にいたときのこと、ある男が安息日に薪を拾い集めているところを見つけられた。見つけた人々は、彼をモーセとアロンおよび共同体全体のもとに連れて来たが、どうすべきか、示しが与えられていなかったので、留置しておいた。主はモーセに言われた。「その男は必ず死刑に処せられる。共同体全体が宿営の外で彼を石で打ち殺さねばならない」。共同体全体は、主がモーセに命じられたとおり、彼を宿営の外に連れ出して石で打ち殺したので、彼は死んだ。
>
> (民 15：32-36)

問題は、薪を拾うことがなぜ安息日を汚す行為と判断されるに到ったか

(74) M. ハルバータル／A. マルガリート『偶像崇拝――その禁止のメカニズム』法政大学出版局、2007 年、51-72 頁。

(75) 出 20：8-11

である。旧約聖書では、安息日に火を焚くことや調理をすることは、仕事と見なされ明確に禁止されていた[(76)]。薪集めの出来事に関し、ワイングリンは、それ自体は律法を破る行為ではなかったが、「律法の垣根[(77)]」に抵触する行為、つまり、薪集めが律法を破る可能性のある行為と認定された結果、処罰の対象になったと理解した[(78)]。他方、ミルグロムは、マナの事件[(79)]と類比させることによって、安息日の薪集めの違法性は明確であると論じる。すなわち、安息日に、マナを食べることは許容されていたが、マナを採取することは禁じられていた。その事例から類推し、火を焚くことが禁じられていたのであるから、なおのこと、その燃料としての薪を集めることは禁じられるべきものだったと推論したのである[(80)]。そのような推論を援用するならば、偶像礼拝が明確に禁じられていたのだから、その道具である像の製作自体も当然禁じられるべきものだったと考えられる。さらに、被造世界の物に似せて像を造る事が禁じられていたのだから、当然、そこには人間自身の形も含まれると考えられる。すなわち、偶像礼拝に利用されなくとも、人間の像を造ること自体も禁じられたと敷衍し得る。このような理解が、偶像的なものの製作に否定的な姿勢を示す欧米文化伝統の源流の1つとなり、今日、人型ロボット開発に対する警戒感として反映されたのではないかと思われる。しかし、ロボット開発が「律法の垣根」の中にあるかは明示的ではない。すなわち、十戒の第2戒がロボット開発を否定しているとは言い難い。

3　創造者と被造物

旧約聖書における人間創造は、オリエント神話の神々による創造と異な

(76)　出35：3、16：23

(77)　a fence round the Torah

(78)　J. Weingreen, "The Case of the Woodgatherer," *Vetus Testamentum* 16 (1966), 361-64; M. Noth, *Numbers*, The Old Testament Library (London: SCM Press, 1968), 117.

(79)　出6：22-30

(80)　J. Milgrom, *Numbers*, JPS Commentary (N.Y.: JPS, 1989), 408-10. 佐々木哲夫「安息日における仕事（民15：32-36 たきぎ集めの場合）」『Exegetica（旧約釈義研究）』第6号、1995年、49-58頁。

り、唯一の神である主に帰せられる際立った事柄だった。すなわち、旧約聖書の神のみが創造主（Creator）であり、人間を含む被造物（Creature）は対極に位置する存在だった。たとえば、預言者イザヤは、

> 神である方、天を創造し、地を形づくり、造り上げて、固く据えられた方。混沌として創造されたのではなく、人の住む所として形づくられた方、主は、こう言われる。わたしが主、ほかにはいない。
>
> （イザ 45：18）

と証言し、詩編の詩人が、

> あなたの天を、あなたの指の業を、わたしは仰ぎます。月も、星も、あなたが配置なさったもの。そのあなたが御心に留めてくださるとは、人間は何ものなのでしょう。人の子は何ものなのでしょう、あなたが顧みてくださるとは。
>
> （詩 8：4-5）

と詠っているとおりである。被造物である人間が創造主の業である命の創造行為を真似ることは、まさに、神を冒瀆する行為と見なされることになる。

17 世紀以降、神と神の被造物との関係を論ずるデカルトが提示した絶対的機械論がある。デカルトは、神はこの世を創造したが、この世界は物理的に自律した世界であり、目的因は神の英知の中に存在するもので自然的過程においては機能するわけではないと考えた[(81)]。しかし、ロボット開発においては、それほど割り切った姿勢で技術開発が進展してきたのではない。たとえば、アシモの開発担当者がロボット製作の是非をカトリック教会に問い合わせたというエピソードは、ロボット開発の倫理的もしくは宗教的不安を危惧してのことだったと思われる。このような不安は産業ロボットや家事支援ロボットにおいては意識されるものではなく、外観や動作が人間と酷似しているヒューマノイドやアンドロイド・ロボットにおいて危惧されたものと思

(81)　ジャック・ロジェ「生命の機械論的概念」『神と自然』みすず書房、1994 年、312 頁。

われる。

ロボットの材質が金属などの無機物であり、外観と動作だけが人間と酷似しているという弁証は十全ではない。なぜなら、科学技術の発展は、既に、有機的人造人間（バイオロイド）の領域にまで到達しているからである。たとえば、遺伝子が組み込まれた体細胞が、胚性幹細胞（ES 細胞）の集団とほぼ同等の多能性を持つ、つまり、生殖細胞を含むすべての細胞を作る能力を有する幹細胞になるという iPS 細胞の技術[(82)]や、米国にいるサルの歩行の脳神経データをインターネットで日本に伝送し、日本の人型ロボットに歩行動作をさせたこと[(83)]や、ある種の細菌の全ゲノムを含んだ DNA を人工的に完全合成することに成功し「人工生命」の創成に一歩近づいたことなど、また、脳の前頭前野の神経細胞が相互に連動して新たな情報を生み出していることを明らかにした実験も報道された。これは、ロボットの神経回路の素子を同調させることによって、ロボットを自律的に行動させる技術に応用できる知見である。すなわち、「自律型ロボット」開発への道を開くものである[(84)]。バイオロイド開発の足音は決して小さくないのである。

4　命の誕生と人権

iPS 細胞や ES 細胞に関する研究の進展は、人間の命の始まり、すなわち、人間はどの段階で人間と認められるのかという生命に関する基本的課題と関係してくる。たとえば、出産によって人が誕生すると一般的には考えられるが、刑法では母体から一部でも露出すれば胎児ではなく人とされ、民法では、全部露出して人として扱われるとされている。このように法律の領域では人としての認定は相対的である[(85)]。医学的には、

（1）母体外での生存が可能となる受精後 22 週目以降[(86)]、

(82)　八代嘉美『iPS 細胞』平凡社、2008 年、142-45 頁。

(83)　河北新報 2008 年 1 月 16 日 29 面。

(84)　同 2008 年 1 月 25 日 3 面。同 2008 年 8 月 28 日 1 面。

(85)　菱山豊『生命倫理ハンドブック――生命科学の倫理的、法的、社会的問題』築地書館、2003 年、121 頁。

(86)　「22 週～ 25 週の胎児は早産した場合、呼吸器系がまだ未熟であるため、しばしば

（2）主要部分の形成と分化が完了し動き始める12週目以降[87]、
（3）神経細胞が形成される9～10週目[88]、
（4）内部細胞が胚葉という細胞に変化する3週目[89]、
（5）桑実胚が胚盤胞に変化し子宮に到達する5～6日目[90]、
（6）受精の時[91]

など多様な提案がなされている。受精時を人間の生命誕生とするローマ教皇庁は、生命の萌芽であるES細胞を破壊することには否定的であるが、受精と無関係なiPS細胞の技術は容認している。ではiPS細胞による遺伝子操作やクローン技術は是認され得るか、という問題は残る。

発生に関する議論は、人権の議論とも密接に関連してくる。すなわち、人

死亡する」と説明されているように、22週以降であれば母体外生存の可能性がある。また、第26～29週では「胎児が早産で生まれても集中治療を受けた場合には、肺が呼吸できるようになっているのでほとんど助かる……」と説明されているとおり、生存が確実となってくる。K. L. ムーア／T. V. N. ペルサード『受精卵からヒトになるまで』医歯薬出版、1998年（第4版）、85頁。

(87)　「羊水穿刺は、普通妊娠後十二～十四週間目に行う。ほぼ三ヶ月たってからしか正確な確認ができないということによって、問題ははっきりと限定されていた。妊娠六週目には胎児の器官がすべてそろい、八週目には脳波が検出されるのだから、この時期の胎児がヒトであることに異論の余地はない」。村松聡『ヒトはいつ人になるのか――生命倫理から人格へ』日本評論社、2001年、103頁。

(88)　「人間生命の開始に関して70日目という数字を推奨している。つまり、70日目以前には脳器官に固有などのような機能も認められない、という」。ベルンハルト・イルガンク『医の倫理』昭和堂、2003年、236頁。

(89)　同231頁。

(90)　この段階では、特に、ES細胞（ヒトの胚）実験がヒトを侵害しないかという倫理問題と関係してくる。村松『ヒトはいつ人になるのか』65-67頁。八代『iPS細胞』25-30頁。「有機体としての同一性を重視するなら、受精後14日目――着床――が決定的である。これに対して発達の潜在性で十分とするなら、精子と卵細胞の融合が重要となる」。『医の倫理』236頁。

(91)　カトリック教会は、「受精」の時をヒトの始まりとする。ただし、「受精」とは、精子と卵子の核が融合し、遺伝子的性が決定される時のことであり、特に、「受精の瞬間」という表現は観念的なものである。この場合、たとえば、顕微鏡受精操作は人工的に生命を作りだした瞬間であると考えられる。村上陽一郎『生命を語る視座――先端医療が問いかけること』NTT出版、2002年、104-5頁。菱山『生命倫理ハンドブック』121頁。

間と認められる時期と人権保有の開始時期の関連である。イェリネックは、人権宣言の淵源をアメリカ諸州の権利章典に見出している[(92)]。また、フーバーとテートは、人権の発展に関する議論において創世記1章27節の人間創造にも言及し、次のように記している[(93)]。

……根本的なことは、神にふさわしくつくられた人間には、まさに神との関係によって、人間がけっして恣意的に処理することのできない一つの人格的自己同一性が帰属している。……人間には不可侵の尊厳が、すなわち、恣意的に処理されえない人格が帰属していること、そしてその根拠は、この世の事柄の中には、客観的で明白な形では存在しないということである。

たとえば、基本的人権に関し日本国憲法第11条は「国民は、すべての基本的人権の享有を妨げられない」と表現している[(94)]。国民という表現は戸籍取得者とも解し得る法的机上の定義であり、命の始まりについては何も語っていない。他方、アメリカの独立宣言は、その前文において次のように明記し、人権の起源を創造主（Creator）に帰している[(95)]。

すべての人間は平等につくられている。創造主によって、生存、自由、そして幸福の追求を含む、ある侵さすべからざる権利をあたえられている[(96)]。

創造主と被造物との関係は、人間誕生以前の人間発生過程の議論に関係する

---

(92)　G. イェリネック『人権宣言』日本評論社、1946年、79-80頁。
(93)　W. フーバー／H. E. テート『人権の思想――法学的・哲学的・神学的考察』新教出版社、1980年、240-41頁。
(94)　『人権宣言集』岩波書店、1957年、391頁。
(95)　同114頁。
(96)　We hold these truths to be self-evident, that all men are created equal, that they are endowed by their Creator with certain unalienable Rights, that among these are Life, Liberty and the pursuit of Happiness.

表現である。1948年の国連総会において採択された世界人権宣言の第一条は次のように規定する。[97]

すべての人間は、生まれながらにして自由であり、かつ、尊厳と権利について平等である。[98]

「生まれながらにして」との表現は、人権の付与を出産の時と認定していると解される。しかし、この表現は、iPS細胞やクローン技術などによる生命の始まりの議論に対応できるものではない。このような現実において、生命倫理に関する法的整備は焦眉の急であり、また、各種倫理委員会のありかたを考えることも重要である。[99]

ロボット開発の道は、機械としてのロボット製作という領域をはるかに超え、人間とは何かという根本命題にまで到達している。聖書の著者たちが繰り返し問うた「主よ、人間とは何ものなのでしょう」[100]の言葉が、今日のロボット開発においても改めて問われる。このような現代において、下記のエレミヤ書1章4–5節の章句をどのように理解するかなど、生命の起源に関する聖書箇所の釈義が関与すべき課題は、少なくない。本章では、エレミヤ書の当該箇所の釈義による神と人間とロボットの関係の論考を以下においてさらに深めてゆく。

主の言葉がわたしに臨んだ。「わたしはあなたを母の胎内に造る前からあなたを知っていた。母の胎から生まれる前にわたしはあなたを聖別し、諸国民の預言者として立てた」。 (エレ1：4–5)

---

(97) 同403頁。外務省ホームページ参照（http://www.mofa.go.jp/mofaj/gaiko/udhr/index.html#top）。

(98) All human beings are born free and equal in dignity and rights.

(99) イルガンク『医の倫理』277–87頁。

(100) ヨブ7：17、詩8：5、144：3

Ⅲ　人の命の始まりとロボット

1　聖書本文の釈義

人間の実存に関する問い掛けは、ヨブ記や詩編の言葉にとどまらず[(101)]、聖書全体に見いだされる[(102)]。本節では、人の命の始まりに関する旧約聖書の理解について、エレミヤ書1章5節と詩編139編16節に注目しつつ論考する。

エレミヤ書1章5節

当該箇所の邦訳は、以下のとおりである[(103)]。いずれの邦訳においても、胎内における人間発生以前の出来事であると暗示されている。

わたしはあなたをまだ母の胎につくらないさきに、あなたを知り、
あなたがまだ生れないさきに、あなたを聖別し、
あなたを立てて万国の預言者とした。　〈口語訳〉

わたしはあなたを母の胎内に造る前からあなたを知っていた。
母の胎から生まれる前にわたしはあなたを聖別し
諸国民の預言者として立てた。　〈新共同訳〉

わたしは、あなたを胎内に形造る前から、あなたを知り、
あなたが腹から出る前から、あなたを聖別し、

---

(101)「人とは、何者なのでしょう」מָה־אֱנוֹשׁ（詩8：5、ヨブ7：17)、「人とは何者なのでしょう」מָה־אָדָם（詩144：3)。

(102)『Exegetica（聖書釈義研究)』第17号、2006年、1-58頁、同第19号、2008年、1-153頁において「死後の問題」「永遠のいのち」「終わり」の主題が論じられている。

(103)
בְּטֶרֶם אֶצָּורְךָ בַבֶּטֶן יְדַעְתִּיךָ
וּבְטֶרֶם תֵּצֵא מֵרֶחֶם הִקְדַּשְׁתִּיךָ
נָבִיא לַגּוֹיִם נְתַתִּיךָ

あなたを国々への預言者と定めていた。　〈新改訳〉

わたしは、あなたを胎内に形造る前から、あなたを知り、
あなたが母の胎から出る前から、あなたを聖別し、
国々への預言者と定めていた。　〈新改訳 2017〉

預言者エレミヤが神に選ばれた器であること、しかも、その選びが誕生前に定められたものであることが証言されている。注目される用語は、「～の前、以前（before）」を意味する前置詞「ベテレム（bəterem）[104]」である。bəterem は、何らかの事象が生起する以前の時間を示唆する用語である。たとえば、「私が死ぬ前に[105]」との表現は、「死」という事象が生起する以前の時を意味している。同様に、エレミヤ書 1 章 5 節「あなたを胎内に形造る前から[106]」の bəterem も、「〔主が〕エレミヤを胎内に形造る」以前の時を意味している。

しかし、後者の表現の理解を複雑にしている背景に、そこで語られている「胎内に形造る」の事象が、心臓死のように容易に特定できる短時間での出来事ではなく、約 10 ヶ月（約 280 日～ 290 日）の期間を伴う出来事だということがある[107]。すなわち、「エレミヤを胎内に形造る」が胎内における人間の発生過程のどの時点を示唆しての表現かは明らかにされていない。

5 節 1 行目の「あなたを胎内に形造る前から」と 2 行目の「あなたが腹から出る前から」は、ヘブル語の語順に従って表記するならば以下に示すような並行関係を構成している。なお、ヘブル語は、右から左に綴るので、右からの語順で参照する。

(104) בְּטֶרֶם

(105) 創 27：4、45：28、箴 30：7。בְּטֶרֶם אָמוּת

(106) בְּטֶרֶם אֶצָּורְךָ בַבֶּטֶן

(107) 陰暦の 10 ヶ月（約 280 日～ 290 日）という妊娠期間は、健康な子供が産まれるために必要な期間と考えられており、アッカド語やウガリト語文献において少なからず言及されている。David T. Tsumura, “A Problem of Myth and Ritual Relationship— CTA 23 (UT 52): 56-57 Reconsidered,” *UF* 10 (1978) 388, 392-395.

（1行目）

あなたを知っていた／胎内に／私があなたを形造る／前から

בְּטֶרֶם אֶצָּורְךָ בַבֶּטֶן יְדַעְתִּיךָ

（2行目）

あなたを聖別した／腹から／あなたが出る／前から

וּבְטֶרֶם תֵּצֵא מֵרֶחֶם הִקְדַּשְׁתִּיךָ

人間の胎内での発生過程が解明されていなかった時代の描写である。1行目の「私が形造る」と2行目の「あなたが出る」が、対極にあるものを並べることでその中のすべてを示す用法のメリスムス表現が使われていると考える。すなわち、漠然とした表現にとどまっている開始点（受胎）と出産という明確な出来事によって容易に同定できる終着点とを対照的に配置することによって、人間発生の期間全体が表現されていると解するのである。

上記の分析を図示すると以下のとおりになる。

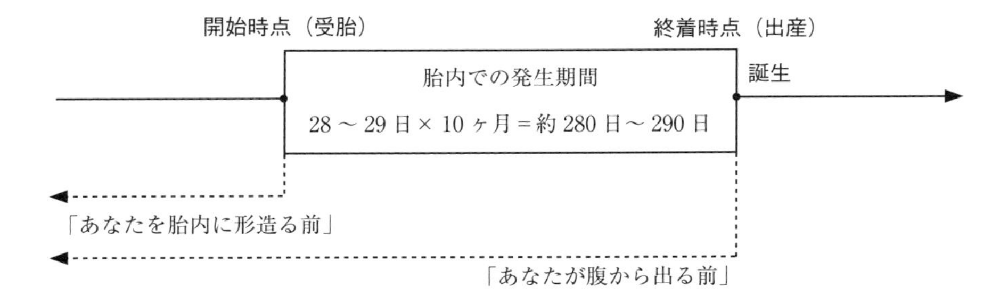

前置詞「ベテレム（bəterem）」によって意図された時間帯は、受胎から出産までの期間の以前、すなわち、発生以前にも及ぶと解される。主は、エレミヤがこの世に出現する以前、換言するならば受胎する以前において、既にエレミヤを知り聖別し預言者として定めたというのである。

ところで、類似の記述が以下のとおりイザヤ書49章1節bにも見られる[108]。

(108) 邦訳聖書の各翻訳を比較することは重要である。訳文が異なる場合、原文を異読している、もしくは、解釈において議論がある箇所であることが推定されるからで

主はわたしを生れ出た時から召し、母の胎を出た時からわが名を語り告げられた。〈口語訳〉

主は母の胎にあるわたしを呼び　母の腹にあるわたしの名を呼ばれた。〈新共同訳〉

主は、生まれる前から私を召し、母の胎内にいる時から私の名を呼ばれた。〈新改訳〉

主は、生まれる前から私を召し、母の胎内にいたときから私の名を呼ばれた。〈新改訳 2017〉

主は、イザヤの名を呼んでいる。「胎内から彼の僕へと造られた(109)」との描写に示唆されているとおり、胎内に存在するイザヤへの呼びかけである。ところで、ハラディは、エレミヤ書1章5節の「形造る」を「招く(110)」の意味に解し、「胎内に形造る前」ではなく「胎内であなたを招く前に」と解する(111)。換言するならば、受胎以前のことではなく、受胎以後の出来事として理解することが可能となり、イザヤ書49章1節とエレミヤ書1章5節の整合性を図っている。しかし、エレミヤの場合、主の召命が臨んだのは、胎内ではなく、それ以前のことだった。それは、エレミヤにだけ妥当する特別な事象ではない。

受胎以前に主によってその存在が告知される事例としては、たとえば、3人の主の使いがアブラハムとサラに「わたしは来年の今ごろ、必ずここにまた来ますが、そのころには、あなたの妻のサラに男の子が生まれているでしょう(112)」と告知している記事が挙げられる。この男の子（イサク）は、アブ

ある。

(109) יְהוָה יֹצְרִי מִבֶּטֶן לְעֶבֶד לוֹ（イザ 49：5）

(110) summon

(111) Holladay はエレミヤ書1章5節の Qere אֶצּוֹרְךָ（אֶצָּרְךָ）〔Qal יצר〕ではなく、Ketib を保持して אֱצוּרְךָ〔Qal צור〕と読み、さらに、Dahood の提案を援用して“summon”の意味に解している。W. L. Holladay, *Jeremiah 1*（Hermeneia; Philadelphia: Fortress, 1986）, 20, 33; M. Dahood, *Psalms II 51-100*（AB 17; Garden City: Doubleday, 1968）, 226.

(112) 創 18：10

ラハムに与えられた契約の実現という使命を受胎以前に担っていたことを示唆している[113]。また、マノアと彼の妻に対する主の使いの言葉「……あなたは不妊の女で、子を産んだことがない。だが、身ごもって男の子を産むであろう。……あなたは身ごもって男の子を産む。その子は胎内にいるときから、ナジル人として神にささげられているので、その子の頭にかみそりを当ててはならない。彼は、ペリシテ人の手からイスラエルを解き放つ救いの先駆者となろう」も挙げられる[114]。サムソンの使命が、彼の受胎以前に主から託されていたことを示唆している。

エレミヤに対する召命は、比喩的表現による信仰告白の「山々が生まれる前から　大地が、人の世が、生み出される前から　世々とこしえに、あなたは神[115]」とも整合する。時間を超越し受胎以前に遡るというエレミヤ書1章5節の「母の胎内に造る前」は、聖書における妥当な表現である。

詩編139編16節

当該箇所の邦訳は、以下のとおりである[116]。

あなたの目は、まだできあがらないわたしのからだを見られた。
わたしのためにつくられたわがよわいの日のまだ一日もなかったとき、
その日はことごとくあなたの書にしるされた。〈口語訳〉

胎児であったわたしをあなたの目は見ておられた。
わたしの日々はあなたの書にすべて記されている
まだその一日も造られないうちから。〈新共同訳〉

あなたの目は胎児の私を見られ、

(113) 創18：17-19
(114) 士13：3-5
(115) 詩90：2
(116) גָּלְמִי רָאוּ עֵינֶיךָ
וְעַל־סִפְרְךָ כֻּלָּם יִכָּתֵבוּ
יָמִים יֻצָּרוּ וְלֹא אֶחָד בָּהֶם

あなたの書物にすべてが、書きしるされました。
私のために作られた日々が、しかも、その一日もないうちに。〈新改訳〉

あなたの目は胎児の私を見られ、
あなたの書物にすべてが記されました。
私のために作られた日々が　しかも　その一日もないうちに。
〈新改訳 2017〉

胎内における受胎から誕生までの期間における人の発生に関する詳細な医学的知識がなかったとしても、人の発生が主の手による出来事であるとの認識は存在していた。たとえば、イザヤ書 64 章 7 節は、人を形造る主の業を陶工に喩えている。

イザヤ書 64 章 7 節[117]

わたしたちは粘土、あなたは陶工
わたしたちは皆、あなたの御手の業。〈新共同訳〉

しかし、主よ。今、あなたは私たちの父です。
私たちは粘土で、あなたは私たちの陶器師です。
私たちはみな、あなたの手で造られたものです。〈新改訳〉

詩編 139 編 16 節は、胎内の人の存在を粘土ではなく胎児（ゴレム[118]）と表現している。詩編 139 編では、ゴレムに関し、以下のとおり詳述している。

あなたは、わたしの内臓を造り

(117)　וְעַתָּה יְהוָה אָבִינוּ אָתָּה
אֲנַחְנוּ הַחֹמֶר וְאַתָּה יֹצְרֵנוּ
וּמַעֲשֵׂה יָדְךָ כֻּלָּנוּ
(118)　גלם

母の胎内にわたしを組み立ててくださった。
わたしはあなたに感謝をささげる。
わたしは恐ろしい力によって
　驚くべきものに造り上げられている。
御業がどんなに驚くべきものか
　わたしの魂はよく知っている。
秘められたところでわたしは造られ
　深い地の底で織りなされた。
あなたには、わたしの骨も隠されてはいない。　（詩 139：13–15）

特に、「あなたには、わたしの骨も隠されてはいない」と描写されているように[119]、胎児の発生過程のすべてを主は見ていたと認識されている。また、16 節において「わたしの日々はあなたの書にすべて記されている」とも表現されている。陶工がその製作過程のすべてを認識しているように、胎内で形造られる人の発生過程のすべてについて主は知っており、それは、主の書物に書き記されているというのである。

ここで注目すべき表現は、16 節の「まだその一日も造られないうちから[120]」である。「一つ[121]」を「私は見られた[122]」と読み替えを施し、さらに、原文の欄外注の指摘を参照しつつ[123]、当該箇所を「私がまだ彼らに見られていなかった時[124]」と解釈する可能性が提案されている[125]。このような読み替えは、主との関係を「人々から見られる以前」、すなわち、受胎から誕生までの期間のことであると解し、理性的理解との整合性を図る提案である。しかし、「その一日もないうちに[126]」を、原文のとおり、受胎前にも広がり得る時間を示

(119) לֹא־נִכְחַד עָצְמִי מִמֶּךָּ
(120) לֹא אֶחָד בָּהֶם
(121) אחד（“one”）
(122) אחז（“I was seen”）
(123) בהם が幾つかの写本において מהם と表記されている
(124) “when I was not yet seen by them”
(125) Dahood, *Psalms II*, 295.
(126) לֹא אֶחָד בָּהֶם

唆する表現であると理解することに釈義上の困難はない。

さらに注目すべき表現は、「あなたの書にすべて記されている」である。特に、「あなたの書物[127]」が意味する時間が人の発生以前か以後かについて吟味する必要がある。「あなたの書物」と関連する用語に『いのちの書[128]』がある。旧約聖書における使用例は、詩編 69 編 29 節が唯一である。『いのちの書』に関してはすでに詳細な論文が報告されている[129]。詩編 69 編 29 節に記載されている「命の書から彼らを抹殺してください。あなたに従う人々に並べて そこに書き記さないでください」は、敵の名前が『いのちの書』から消し去られる、換言するならば、救いから外されるようにとの祈願である。それは、イスラエルの全員の名前がすでに『いのちの書』に記されているという前提のもとでの祈願である。それゆえ、ことさら『いのちの書』に名前が書き加えられる話題が聖書に登場しないのであろう。

このように、『いのちの書』は、地上に存在する人だけを対象としているのではなく、神の先行的な救いと関連している。すなわち、地上に存在する以前の時間帯に言及している[130]。『いのちの書』が「あなたの書物」と同一物かについては、明示的な記載はないが、受胎以前に天的な書物に人の存在が記載されているとの考え方は共通している[131]。

2 神と人とロボット

人の命の始まりを受胎と誕生の間に起きる出来事として考えることは、古

(127) סִפְרְךָ

(128) סֵפֶר חַיִּים

(129) 木内伸嘉「『いのちの書』——聖書神学的考察」『Exegetica（聖書釈義研究）』第 17 号、2006 年、19-43 頁。

(130) 木内「いのちの書」24、37 頁。また、A. Weiser は引用を記さずにバビロニアの神話に記されている『いのちの書』が詩編 139 編 16 節にも反映されていると論考し、“In accord with this trend of thought the idea of the predestination is here used by the poet for the same purpose as in Jer. 1:5, that is, to make clear to himself the overwhelming impression which God has made upon him throughout his life by investigating God’s omniscience even before it began.” と注解している。A. Weiser, *The Psalms* (London: SCM Press, 1965 [German in 1959]), 806.

(131) “Book of Life,” *Encyclopedia Judaica* 4: 1217-18.

代においても現代においても理性的に容認し得る妥当な認識であろう。しかし、人間の存在についての認識は、それだけの知見にとどまるものではない。受胎以前において、人は神によって知られている存在であること、また、その人が誕生後に担う使命がすでに備えられているとの知見も、その認識に含まれていた。本章の論考では旧約聖書の事例について主に議論してきたが、神との関係が受胎以前に遡るとの考えは、新約聖書においても散見される。たとえば、祭司ザカリヤと彼の妻エリサベツに天使ガブリエルが現れ、

> ……あなたの妻エリサベトは男の子を産む。その子をヨハネと名付けなさい。……既に母の胎にいるときから聖霊に満たされていて、そしてイスラエルの多くの子らをその神である主のもとに立ち帰らせる。……

と告げたこと(132)、また、同じ天使ガブリエルがマリアに現れ、

> ……あなたは身ごもって男の子を産むが、その子をイエスと名付けなさい。その子は偉大な人になり、いと高き方の子と言われる。神である主は、彼に父ダビデの王座をくださる。

と語った事例(133)を挙げることができる。また、黙示録において『いのちの書』が終末時の出来事として記載されていることは、受胎以前より始まる神と人との関係が各時代の人々にも適用し得る継続的な事例であることを示唆している(134)。

---

(132) ルカ1：13-17

(133) ルカ1：28-33

(134) 木内「いのちの書」41頁。また、ヒエロニムスは、彼の時代における解釈として次のようにエレミヤ書1章5節について注解している。“It was not that Jeremiah existed before he was conceived, as some heretics suppose, but that the Lord foreknew Jeremiah to be coming, the Lord to whom what does not yet exist is already present, in accordance with what the apostle said of him: ‘who calls that which is not as though it were’ [Rom. 4:17].” Dean O. Wenthe ed., *Ancient Christian*

確かに、聖書が描写する人の命の始まりは，受胎以前に遡る神と人との関係に及ぶのであるが、その関係は、徹底的に神から人への方向性を有するものである。人に使命を担わせることも、天的書物に名前が記載されていることも、神の主権的な業として認識されている。その方向性は、母の胎からの誕生を経過し、その後の全生涯に及び、さらには、死と死後へと連なるものである。人の命の始まりが受胎以前における神との関係に遡るとの認識を持つ時、人の誕生は単なる生物学的現象として認知されるにとどまるものではなく、また、その生涯が物理学的世界の出来事としてだけ把握されるにとどまるものでもない。使命が神から託されるという時空を超越する出来事によって、人は有限の生を意義深く生きる根源を見いだすことができる。換言するならば、人の命には、時空を超越する価値が存在するのである。

ところで、神と人との関係が医学的な発生の起点である受精以前に遡るものであるとの考え方は、決して不自然な事柄ではなく日常においても生起している。特に、物造りの現場では当然のこととして経験されている。たとえば、ある技術者が、頭に浮かんだ機械（たとえば、ロボット）を製作しようとして、それを設計図に書いたとする。数値計算を正しく行い、間違いのない完全な図面を書くならば、図面が完成した時点で、技術者の頭に浮かんだ機械は既に実現したのである。なぜならば、その後、その図面は工場に回され、工場の熟練した職人が材料を整えて設計図通りに加工し、それらを組み立てて完成させてくれるからである。設計図通り、技術者の思い描いた製品が出来るのである。すなわち、完成した機械（ロボット）は、工場の中で材料を揃えたときにその存在への過程が始まったというのではなく、見える物質的表象ではそうであるが、しかし、ロボットは技術者の頭の中に浮かんだ時にその存在が始まったのである。出来上がったロボットが、材料が揃って加工が始められた時点に自分が存在し始めたと主張するならば、それは、即物的な限定的知見である。

Commentary on Scripture: Jeremiah, Lamentations (Old Testament XII; Downers Grove, Il.: InterVarsity Press, 2009), 3-4. ヒエロニムスの注解は、受胎以前にエレミヤの存在は主によって知られており、その意味において、エレミヤはすでに主のみ前において受胎以前に存在していたというのである。

人とロボットの関係は、神と人との関係へと類比的に適用される。ロボット三原則のような倫理は、神が人に啓示した契約に類比される。また、チャペックの人造人間ロボットの反乱やフランケンシュタイン・コンプレックスは、神と人との関係にも投影され得る。欧米とは異なる文化伝統にある日本においてもロボットとの倫理関係の構築は焦眉の急を要する問題であると考える。iPS細胞であろうとクローン技術であろうと、バイオロボットであろうとA.I.ロボットであろうと、ヒューマロイドであろうとアンドロイドであろうと、人間とロボットとの関係のロールモデルは神と人との関係である。

第２章

戦禍と命

テロからグローバリズムへ

Ⅰ　戦　争　観

1　はじめに

インターネット画面の隅に煙を出す世界貿易センタービルの映像が映し出されていた。映画の一場面かと気に留めなかった。しばらくしてからニューヨークからのリアルタイムの中継だと気がついた。世界を震撼させた米国同時多発テロ事件、9・11テロ発生の様子だった。2001年9月11日、米国東部時間午前9時頃のことである。日本時間は、プラス13時間（夏時間）で同日の夜10時過ぎだった。事件の時系列は以下の通りである。

8時45分頃	世界貿易センタービル 北塔にアメリカン航空11便激突
9時5分頃	同ビル南塔にユナイテッド航空175便激突
9時45分頃	国防省にアメリカン航空77便突入
10時頃	世界貿易センタービル南塔崩壊
10時10分頃	ピッツバーグ郊外にユナイテッド航空93便墜落
10時30分頃	世界貿易センタービル北塔崩壊

アメリカ合衆国ブッシュ大統領は、この事件について緊急の演説を行い、テロリストとテロリスト支援者を同罪と見なし、これを「戦争」と表現した。世界貿易センタービル崩壊の様子に驚いたが、ブッシュ大統領の「戦争」という言葉にも驚いた。なぜなら、テロは、戦争とは全く異なる事象だからである。テロリズム[(1)]は、恐怖[(2)]を語源とし、相手方に恐怖を与えることを目的にしての行為を意味している。実際には18世紀のフランス大革命の恐怖政治、特にジャコバン派（パリ・コミューン）の恐怖政治が起源である。支配者がその支配を維持するために、または反対勢力を粉砕するために暴力

(1) terrorism
(2) terror

をふるうことを意味していたが、その後、被支配者が、政治上の要求を貫徹するために、支配者あるいはその指導者を暴力で倒すことに用いられるようになった。さらに、政治、宗教、経済、社会の諸分野で、敵対者を暴力で倒すことに広く用いられた。要するに、言論による説得力に絶望した者が、暴力を切り札にして敵対者を倒し、自分の主義主張を貫徹しようとする思想や行動がテロリズムだ。[(3)] テロは、米国での同時多発テロ事件以降、新しいタイプの戦争と評されるようになった。[(4)] ポール・ポーストは、テロリズムの定義として、①事前の計画、②政治的動機、③非戦闘員を標的、④国家より小さいエージェントによる実行、⑤直接的被害者を超える多くの聴衆に恐怖を与える、⑥2カ国以上の市民や領土にまたがることなどを挙げている。[(5)] 9・11テロ事件は、アメリカだけでなく世界に衝撃的な恐怖を与えた。直接的被害だけでも300億ドルから500億ドルかかったという1日の出来事としてはアメリカ史上最も高くついた事件だった。[(6)]

9・11テロ事件をアメリカ合衆国に対する戦争の宣戦布告と見なすならば、深刻な事態になる。「非対称の戦争」とか「戦争の定義が変わった」などの見出しが新聞に散見された。戦争であるならば、戦争相手国が存在しなければならない。テロリストは個人単位の相手であり、戦争の相手にはなり得ない存在である。テロリストの支援国家を戦争相手国と見なすならば、アメリカ合衆国は世界中を相手にする泥沼に足を踏み入れてしまう可能性がある。それは単なる杞憂ではなかった。2001年10月7日、アメリカ合衆国はアフガニスタンのカブールへの空爆を開始した。さらに、ブッシュ大統領は、2002年の一般教書演説においてイラクとイランと北朝鮮を悪の枢軸と名指しして批判した。

古代ギリシアの戦史家トゥキディデスは「戦争は兵器ではなく支出の問題」と述べ、タキトゥスは「お金こそが戦争の筋肉である」と言うように、

---

(3) 森川哲郎『テロルの系譜』図書出版社、1981年、6-7頁。
(4) 中井康朗「新しいタイプの戦争」『対テロリズム戦争』中央公論新社、2001年、5-8頁。
(5) ポール・ポースト『戦争の経済学』バジリコ、2007年、305-308頁。
(6) 同335頁。

戦争は、政治的また経済的要因による出来事であり、単なる感情的な暴力の衝突とは違うものだ。[(7)]その頃、旧約聖書の戦争を主題に論考を重ねていたので、欧米の考える戦争と日本人の考える戦争とは異なると考えていた。その相違は、同時に、平和に対する考えの相違にもなってくる。どのような戦争観や平和観を有しているかは、個人の人生観に影響を与えるとともに、個人が帰属する国家の行く末にも影響を与える。

戦争観や平和観に関する論考は、命の営みと密接に関係する。変形生成文法で有名な言語学者ノーム・チョムスキーは、同時多発テロ事件発生後の9月19日のイタリア『イル・マニフェスト』紙のインタビューに答えて、「多くのコメンテイターが真珠湾と対比させたが、これは誤解を招く」と発言している。[(8)]また、ベトナム戦争、アフガニスタン空爆、イラク戦争に関し戦争の是非を論じたマイケル・ウォルツァーは、『戦争を論じる』の日本語版序文の冒頭で「わたしたちはみな、戦争を論ずるべきであり、民主主義国家に生きる市民にとってそれは政治的責務にほかならない」と語っている。[(9)]松村は、「病気が嫌だからといって、病気を研究しなければ医学は進歩しないし、病気は蔓延するだけだろう。……欧米ではあたりまえのことが戦争についての研究である[(10)]」と言う。

第二次世界大戦においてアメリカ国務省戦時情報局海外情報部は、戦争に勝つために敵国戦争指導部の意思決定プロセスを知る必要があった。また、戦勝後の占領のために敵国人の考え方や感じ方をしっかりと把握しておく必要があった。そこで文化人類学者ルース・ベネディクトに日本研究を依頼したのである。彼女は、日本を訪れたことはなかったが、日本に関する文献の熟読と日系移民との交流を通じて日本文化の解明を試みた。その報告書が1946年に出版された『菊と刀』である。9・11テロに関連し、侵略防止や戦争抑止のためにさまざまな分野の専門家が発言している。本章は、2001年9

(7) 同13頁。
(8) ノーム・チョムスキー「9.11アメリカに報復する資格はない！」『文藝春秋』2001年11月30日号、8頁。
(9) マイケル・ウォルツァー『戦争を論じる』風行社、2008年、1頁。
(10) 松村劭『戦争学』文藝春秋、1998年、5頁。

月11日のテロ事件を含む戦争に潜在する宗教的要因について考察し、よって世界平和に寄与し得る平和観を見いだそうとするものである。

2　戦争の定義

国際平和を希求し、戦争を放棄するとの憲法条文を引用するまでもなく、われわれは、戦争ではなく平和を求める。しかし、これまでの人類の歴史を概観するとき、平和との乖離の甚だしい所業がなされてきたことを知る。たとえば、ベトナム戦争、ホロコースト、十字軍による戦いなどにおいて、正義の戦争や聖戦が主張されてきた歴史がある。さらに時空を遡れば、聖書特に旧約聖書の中に戦いに関する記事が数多く収載されていることをも知っている。このような現実に直面するとき、私たちは、平和を希求する私たちの前提的同意を再吟味しなければならないと感ずる。なぜなら、平和に対する私たちの希望を、歴史や聖書によっても確証したいと望むからである。戦争や平和に関し考察すること、特に、旧約聖書の記事を視座に据えつつ考察することは、今日の私たちに必要な知見を与えてくれる。

戦争という言葉を使うとき、私たちはそれをどのような意味において理解するだろうか。太平洋戦争で日本が体験したあの悲惨さなのか。もしくは、一夜にして14万人を超える蒙古・高麗連合軍が壊滅した弘安の役のようなものか。まず初めに、戦争という言葉の意味を定義しなければならない。

現代における戦争の定義は、「主権国家の政治主体が相当の期間相当の規模で行う軍事的行動であり、しかも、当初、戦いの勝敗の帰趨が明らかでないもの」である[(11)]。また、都市国家以前の先史時代における部族間の確執や反目に起因する戦いにまで対象を拡張するならば、「主権国家」を「部族」と置き換えるだけでは十分ではない。戦争は、私利私欲に駆られた無秩序な暴力行為ではなく「陣形を伴う組織的な軍事衝突である」という最小限の定義を追加しなければならない[(12)]。いずれにせよ、本章では、もっぱら前者の意味における戦争を前提にする。すなわち、政治主体が政治的決断をもって実行する国家対国家の武力衝突という意味における戦争である。戦争は政治

(11)　猪口邦子『戦争と平和』東京大学出版会、1989年、8頁。
(12)　アーサー・フェリル『戦争の起源』河出書房新社、1988年、11-18頁。

的手段という理解は注目に値する。なぜなら、国家は、自国の政治目標を実現するために戦争という政策をいたずらに選択すべきではなく、それに先立って外交交渉による問題解決の努力をしなければならないことを暗示しているからである。軍事力に大きな差異のある強国が外交交渉の相手である場合、課題解決のために話し合いによる外交交渉が求められる。また、強国が、弱小国に対して政策を強要する場合、通常は、戦争が起きるはずもなく善悪の判断は別として「干渉」という言葉をもって決着されることが多い。他方、国家内部における武力衝突は、国家間のそれではないゆえに戦争と呼ばれず、「内戦」「内乱」「謀反」「反乱」などと呼称され、戦争と区別される。「ゲリラ戦争」と呼ばれるものもあるが、これは、陣形に属する広義の戦術用語であり、戦争の定義に直接関与するものではない。いずれにせよ、戦争は、国家間における政治的手段の１つに位置づけられるものである。

ところで、ウェーバーによると、国家とは、（１）政治単位を構成する国民、（２）権威執行機関としての政府、（３）政府が自立排他的に支配する領域の３要素によって定義される。[13] 旧約聖書に記されているイスラエルの歴史において国家の３要素が揃った最初の時代は、ヨシュアによるカナン定着期および士師時代である。十戒によってイスラエルの民のアイデンティティが確立され、士師や長老たちによる外交と内政の統治機関が機能し、約束の土地に定住した時代である。モーセの後継者ヨシュアもそうだったが、その後の士師たちも、ペリシテ人やミディアン人などの周囲の諸勢力による侵略に対抗する軍事的指導者として登場した。彼らの時代の戦いの様相に、国家草創期のイスラエルが直面した戦争の実態が垣間見られる。[14] 本章では、戦争の３類型、「正義の戦争」「聖戦」「主の戦い」について概観する。

３　正義の戦争

正義の戦争の起源は、古代ギリシアに遡る。都市国家ポリスの国家間の争いは、今日における国家間の争いがそうであるように隣国への侵略が関係する。一方のポリスが他方のポリスを侵略する。それは、国家の成立要件を蹂

(13)　マックス・ウェーバー『職業としての政治』岩波書店、1952 年、13 頁。
(14)　佐々木哲夫『旧約聖書と戦争』教文館、2000 年参照。

躙する重大事件だった。ポリス間において維持されていた平和を破壊する事件である。ポリスは、一定区域の共有地を支配した小国家で、そこに帰属する村落は堅固に防備されることは許されず、個人は完全にポリスに同化した一部の存在となりポリスの安全と繁栄を支えた。個人に自由はなくポリスに隷属し、たとえば、アテナイやスパルタでは生涯にわたり兵役の義務を負った。個人のポリスへの隷属という関係は、熱狂的に神格化された熱情にまで高められた。国内の反乱は無論のこと個の権利主張はポリスの平和を乱す行為として厳格に処罰された。(15) ポリス内の構成員による同意と協力によって成立するポリス内部の平和は、ポリス同士の関係に自動的に敷衍されるわけではなかった。自分のポリス以外のすべてのポリスに対する、特に隣接するポリスに対する排他性や敵意は、支配的な感情であるばかりか、ほとんど市民の美徳の一部と言ってよいほどのものになっていた。(16)

古代における国家の繁栄は、周辺国家の征服によって保証され確立された。たとえば、古バビロニア、アッシリア、新バビロニアにおいて、国家繁栄のために採用された政策は領土拡大の覇権主義であり、被征服国に対する朝貢と捕囚の強制だった。弱小国家のイスラエルが紀元前722年にアッシリアによる捕囚を受けたこと、また、紀元前587年に新バビロニアによってバビロンに捕囚にされたことは、北王国イスラエルや南王国ユダが強国への朝貢服従を拒否した結果の出来事だった。しかし、新バビロニアを滅ぼしたペルシャは、そのような征服戦略ではなく、被征服民の民族宗教を保証し、総督の監視下における自治権を認める方策を施した。それが、キュロスの勅令によるシェシュバツァル（ゼルバベル）たちユダヤ人のバビロンからの帰還の時代背景だった。

同様の覇権主義がポリス間にも見られた。「ああ、この世の中で、スパルタ人より憎いものはない。悪企みの本家で嘘つきの名人、厄難の製造元といってもよいやつばら。……そなたらは滅びるがよい」というエウリピデス『アンドロマケ』の女主人公アンドロマケの叫びのように、アテナイ人は

(15)　J. ブルクハルト『ギリシア文化史』第1巻、筑摩書房、1991年、114-121頁。
(16)　同394頁。

スパルタ人を不倶戴天の敵と見なしていた。[17] 勢力が伯仲するポリス間の争いにおいては、アッシリアやバビロニアとイスラエルの関係に見られるような徹底的征服はなかった。恐らく、共通の言語や文化という基盤に基づく連帯感があったからであろう。勝者は勝利に際して敗者に残酷な対応を行わないとの神聖な法（ノモス）が存在していた。[18] 平和の回復や維持のためにオリンピア競技やデルフォイの神託による調停が行われたが、それでもなお平和が回復しないときに戦争に訴えた。正義の戦いという言葉こそ用いなかったが、正義を回復するための戦いという概念自体は、既にプラトンやアリストテレスによって定義されていた。和解を目的とした戦いには、「被征服民を奴隷にしてはならない」や「皆殺しにしてはならない」などの暗黙のルールがあった。[19]

それは、後に、キケロによって、「ローマの平和」の維持のためにローマ帝国に移入された。[20] 基準は、自己防衛、正当性、名誉の維持、過度な残酷性の排除、不当な勝利は正当性を損なうなどだった。[21] さらに、正義の戦いは、ローマ帝国と教会が一体になると、神学的倫理規範として論じられるようになる。たとえば、異教徒の西ゴート族によるローマ侵略の出来事は「ローマの平和」を蹂躙する事件とみなされ、正義の戦争の適用が妥当であると論じられた。アウグスティヌスは、多くの戦争を不正と見なしたが、不正を罰する正義の戦いを肯定した。信仰者は、平和を回復するための正しい戦争を為すべきだと説いたのである。410年、西ゴート族アラリックがローマを陥れ、略奪する災厄が起きた時、アウグスティヌスは不正を罰するための正義の戦いを肯定している。[22]

このような正義の戦争の概念は、今日の欧米に継承されている。欧米の市

(17)　同 133 頁。
(18)　同 396 頁。
(19)　ローランド・H. ベイントン『戦争・平和・キリスト者』新教出版社、1963 年、42-43 頁。
(20)　同 47-48 頁。
(21)　J. ヘルジランド他『古代のキリスト教徒と軍隊』教文館、1988 年、12-20 頁。
(22)　アウグスティヌス『神の国（4）』（『アウグスティヌス著作集』第 14 巻）教文館、1980 年、33 頁。『旧約聖書と戦争』20-27 頁。

民は、戦争の支持・不支持を、正義の有無において判断している。[23] 1991年1月に始まった湾岸戦争を、アメリカ合衆国ブッシュ大統領は、「正義の戦い[24]」と呼び、米国国民の実に74パーセントがそれを支持した。欧米の戦争観には、今なお伝統的な正義の戦争の価値観が継承されている。しかし、今日の正義の戦争には伝統的な正義の戦争の基準のみならず、経済的収支（そろばん勘定）が合うかとの経済的要因が追加されている。[25] 理想主義的動機だけでなく、戦争によって期待される利益が戦費に見合うかという議論もなされているのである。イラク軍の侵略によるクウェート婦女子に対する残虐な行為は、ジョージ・ブッシュ大統領の正義感を奮い立たせた。イラクとの開戦に強く反対した所属教派のセント・ジョーンズ教会のブロウニング牧師に対しブッシュ大統領は次のように第二次大戦の参戦時期が遅すぎたとの歴史観さえ開陳したという。[26]

> クウェートにおけるイラクの残虐行為を伝えるアムネスティ・インターナショナルの報告書を読んでみて下さい。その上で、こんな残酷なことをやめさせるために軍を使うことが正しいか間違っているか、おっしゃって下さい。……1939年にナチスがポーランドに侵攻し、現在クウェートでおきているのと同じことをもっと大規模に行った時、教会は何をしていましたか。……もし、当時、われわれが軍の力によって二百万人のユダヤ人をガス室送りから救ったとしたら、それは道徳的な行為ですか、それとも不道徳な行為だったのでしょうか。

他方、イラク軍の侵略を阻止する湾岸戦争にかかった費用は当時のアメリカのGDPの約1パーセントの600億ドルだった。[27] それを誰が負担するのか。興味深いことにドイツと日本が国連を経由して440億ドルの資金を拠出した

---

(23)　日本経済新聞社編『宗教から読む国際政治』日本経済新聞社、1992年、159-170頁。

(24)　just war

(25)　同165頁。

(26)　同159-61頁。

(27)　ポースト『戦争の経済学』92頁。

のである。戦争によって、米国内の軍需産業が潤うことや中東石油の利権が守られることを勘案するならば、伝統的な正義遂行の基準に加えて経済的収支の判断があったことは考えさせられる現実なのである。平和を回復するための戦争に経済的収支勘定が影響してくると、収支を向上させるために安価で効率の良い武器を開発するという矛盾も起きてくる[(28)]。現代における正義の戦争は、正義感という動機に勝るとも劣らない程の経済的要因が支配する政治的政策になっている。

4　聖戦

戦争に正義と呼び得る戦争があるか否かではなく、正義の戦争と呼ばれている戦争の特質について歴史的変遷に焦点をあわせて概観した。特に、暗黙のルールや政治的経済的価値判断が正義の戦争における支配的要因であることを概観した。ところで、歴史において、正義の戦争の要件を超越する戦争が出現した。十字軍である。1095 年、フランス中南部のクレルモンで教会会議が開かれた。招集者の教皇ウルバヌス 2 世は、会の終わり頃の 11 月 27 日に郊外の広場で群衆に勧説(アッピール)を行った。それが第 1 回十字軍召集の演説だった。トルコ人の侵入により東方のキリスト者が苦難しており、トルコ人に対し正義の戦争を行うべきことが主張された。東方の富ないし略奪品が得られるという経済的期待もあった。しかし、十字軍には、正義の戦争において勘案された要件とは異なる動機が追加された。すなわち、罪を減ずる贖宥の業としての戦い、神が先導する戦いということである[(29)]。これは、正義の回復を目標にして国家が行った戦いではなく、聖地エルサレムを回教徒の手から奪還するという「巡礼を基盤にした軍事遠征」の戦いであり、信仰に基づく教会による戦いだった[(30)]。やがて、この類型の戦いが「聖戦」と呼ばれるようになる。

近代旧約聖書学において聖戦の用語が使われるようになった。それは 20

(28)　John Forge, “Proportionality, Just War Theory and Weapons,” *Science and Engineering Ethics* 15 (2009): 36-37.

(29)　八塚春児『十字軍という聖戦』NHK 出版、2008 年、30-33 頁。

(30)　松本宣郎編『キリスト教の歴史 1』山川出版社、2009 年、164-166 頁。

世紀初頭の旧約学者シュワッリが、イスラム用語のジハードを借用して聖書の戦いを説明して以来のことである。[(31)]また、フォン・ラートは、旧約聖書が記す戦争をイスラエルの神聖な礼拝行為であると考えたヴェルハウゼンの理解をさらに発展させ、7要素を有する様式において聖戦を定義した。すなわち、

（1）角笛による兵士の召集
（2）召集軍兵士の聖別
（3）召集軍への勝利宣告
（4）ヤハウェの先導による進軍
（5）ヤハウェの介入による本戦勝利
（6）祭儀儀礼としての聖絶
（7）召集軍の解散

の7要素である。これらの要素が聖書の記事の中にどれだけ見出せるかによって、その戦いの聖戦性が判断された。ラートはさらに、聖戦の「生活の座」をイスラエル史の中に位置づけ、その変遷を4段階において説明した。

第1段階は、かなり早い時代に聖戦らしきものが行われていたことは確かなのだが、祭儀伝承に基づいて行われたイスラエル宗教連合による防衛戦争という士師やサウルによって行われた戦いの段階である。

第2段階は、自由農民による召集軍から職業軍人である傭兵軍による戦いへの移行である。王国の存続に動機づけられた世俗的戦いであり、ダビデ・ソロモン時代を反映したものである。

第3段階は、古いヤハウェ信仰と王権との衝突が聖戦の秩序に投影された預言者の時代である。すなわち、直属部隊を指揮する王の官僚ではなく、全権を主から委ねられたカリスマ的指導者によって行われる祭儀的戦いの復権を主張する預言者の言葉である。ヤハウェが戦うのであって、民は静かに見つめているだけで十分だというのである。預言者は、さらに聖戦を終末論的概念へと普遍化し、ヤハウェの救いを実現する手段の1つに位置づけた。

第4段階は、ラートの六書成立の史観に沿って考察された申命記伝承にお

---

(31)　佐々木『旧約聖書と戦争』30頁。

ける聖戦である。申命記の記者は、聖戦を古代の素朴な信仰による防衛戦争ではなく、カナン祭儀に対峙するヤハウェ信仰による宗教戦争であると把握したのである。[32] 聖戦の様式とその「生活の座」を定義したラートの聖戦は、聖書に記された戦争の類型を定義した。

他方、十字軍という聖戦では、教皇ウルバヌス2世のクレルモンの勧説において「その旅はすべての贖罪のためとみなさるべし」が説かれ、[33] それがカトリック教会の行う贖宥制度の始まりとなる。贖宥制度は、やがて、煉獄での罪の償いのみならず、天国へ入ることを保証する免罪符として用いられるようになり、贖宥の効力を論じたルターの95箇条の提題によって問題視された。ルターが攻撃したのは一般的な贖宥状ではなく、ローマの聖ペテロ大聖堂新築のために1506年と1514年に教皇レオ10世が発行した贖宥状に対してであった。[34] 十字軍の時代の贖宥の約束は、軍事専門の修道会の修道士である騎士たちにとって極めて大きな意味があった。死後における救いの保証は、イスラムのジハードと一脈通じるところがあるが、ジハードについては節を改めて詳述する。

ウルバヌス2世は、クレルモンの勧説において、東方の富ないし略奪品が得られるという経済的期待をも表明した。略奪品と戦利品とは異なる。古代の戦争における敵地に遠征しての戦いでは、兵士への食糧調達が課題だった。ほとんどの場合、食糧は敵地での略奪によって賄われた。たとえば、天幕を携えてイナゴの大群のようにイスラエルに侵略するミディアンの大軍は、イスラエルが種を蒔くと攻めてきた。[35] 実りを略奪して食糧調達ができる時期に攻めてきたのである。昔の優れた将軍は戦場を選び、できれば農作物の実っている敵地を選ぶのがよかったとされた。たとえば、戦いは胃袋次第だと考えていたナポレオンのフランス軍は、行軍中に食糧を調達し、3日以上の食糧は持たずに迅速に移動したという。[36] 食糧調達をその場しのぎの

(32) 同31-32頁。

(33) 八塚『十字軍という聖戦』38頁。

(34) 金子晴勇『宗教改革者たちの信仰』教文館、2017年、31頁。同『ルターの知的遺産』知泉書館、2013年、16-18頁。

(35) 士6：3-5

(36) フェリル『戦争の起源』236、270頁。

緊急的行動の略奪に委ねるのではなく、組織的な兵站として立案されるようになり、戦略や戦術とともに、補給作戦は重要な軍事業務になった。やがて瓶詰や缶詰が兵士の食糧調達のために発明され改良され、19世紀にイギリス軍やフランス軍において活用され、アメリカ合衆国の南北戦争において利用されたのも兵站のためである。

略奪は、破壊、強姦、殺戮などとともに非戦闘員に対する戦争犯罪行為であり、正義の戦争の基準においても忌避されるべき行為だ。他方、戦利品は、戦争相手国の国有財産を没収する行為であり、国際法によっても容認されている。旧約聖書にも戦勝における戦利品の獲得期待の記事が散見される。たとえば、デボラの歌において「シセラには染めた布が戦利品、染めた布が戦利品、刺しゅうした布、染めた布、その首には刺しゅうした布二枚、これが戦利品」と息子の凱旋の遅いことを嘆くシセラの母の言葉が記されている(37)。また、アサとクシュを相手にしたユダの戦いにおいて「アサとその軍隊はゲラルまで追撃した。クシュ人は敗北を喫し、主とその陣営の前で打ち砕かれて倒れ、生き残った者は一人もなかった。持ち帰った戦利品は極めて多かった(38)」との記述がある。戦利品は、今日の正義の戦争における要件の１つ、戦争によって期待される利益が戦費に見合うかとの要件に適合する。クレフェルトは、戦争を終わらせようと思ったら、最低でも次の４つ、（１）消耗人員の介護、（２）獲得したさまざまな財産の分与、（３）勝利の祝い、（４）敵との終戦合意を行う必要があると記す(39)。戦利品は、財産などの動産や土地とそこから産出されるものを含む不動産などさまざまであるが、戦争の成果とされている。

戦利品と略奪物は、混乱する戦場での出来事であり区別するのは難しい。十字軍の戦いにおいて、1098年のアンティオケへ遠征した十字軍は飢餓に苦しみ、軍馬の大半が殺され、遠征路の民家が少なからず略奪された。それは、翌年のエルサレム開城における凄まじい殺戮と略奪にも見られた。他方、1144年、十字軍による侵略領土の回復をめざして反撃したイスラムの

---

(37)　士5：30
(38)　代下14：12
(39)　マーチン・ファン・クレフェルト『戦争文化論』(上)、原書房、2010年、231頁。

ザンギーはエデッサを攻め落とした。トルコ軍が街で略奪や殺人を始めたので、ザンギーはそれを止め、財産を住民に返し、ラテン教会の処置を東方キリスト教会に委ねたという。ザンギーの戦いは、正義の戦争であり、十字軍の聖戦と興味深い対照を見せている(40)。

第1回十字軍はエルサレムを占拠するなど十字軍の勝利となり、先進国のイスラム領土から戦利品として文化的財物の書籍や知識がヨーロッパにもたらされた。その中に古代ギリシアの哲学書なども入っていた。アミン・マアルーフは「西は東を学んだ」と題して次のように記している(41)。

> フランクはどの分野でも、シリアやスペインおよびシチリアにあるアラブの学校で学んだ。そして、学んだことは、彼らのその後の発展になくてはならぬものになる。ギリシア文明の遺産は翻訳者にして後継者であるアラブを介して初めて西ヨーロッパに伝わった。医学、天文学、化学、地理学、数学、建築などにおいて、フランクはアラビア語の著書から知識を汲み取り、それらを同化し、模倣し、そして追い越した。

ヨーロッパがイスラムから学んだ先進文化は、スコラ哲学やスコラ神学の成立、ボローニャ大学やパリ大学の創設、14 世紀頃から 16 世紀において勃興したルネッサンス運動の先駆けとなったのである。

政治的経済的制約のない宗教的動機による聖戦は、正義の戦争以上に悲惨なものになってゆく。たとえば、感情的高揚によって駆り立てられた訓練のない民衆十字軍は、進軍中に略奪とユダヤ人虐殺などの狼藉を働く未統制の市民約4万人によって行われたもので、結果的に殲滅的な戦死者を出した。正規軍である修道会所属の騎士による十字軍でなく、社会の底辺から盛り上がった民衆十字軍でもない霊感を受けた少年がリーダーとなって始められた少年十字軍は、数千から数万人の少年や大人を引き連れて聖地解放に向かったが、遠征の正式な許可が下りないなどの理由によって自滅に終わってい

(40) ジョルジュ・タート『十字軍』創元社、1993 年、86 頁。
(41) アミン・マアルーフ『アラブが見た十字軍』筑摩書房、2001 年、451 頁。

る[42]。聖戦は、その動機、展開、結末にいたるまで正義の戦争と異なる様相を呈していた。

5　主の戦い

十字軍以前の聖戦に関しては、既述の如く旧約聖書に描かれている戦いに言及してのフォン・ラートによる分析があったが、ラートの分析は、旧約聖書の物語についての類型分析であり信仰の世界の出来事を対象としていた。他方、ジョーンズは、同様の戦いが古代オリエント世界において一般的に存在していたと主張する。すなわち、神が先立って戦うという戦いが旧約聖書以前に既に存在しており、それが旧約聖書の伝承において祭儀化され、いわゆる聖戦の形式になったと考えた。ジョーンズは、原初の聖戦を「主（ヤーウェ）の戦い」と呼称している[43]。主の名によって教会が行う戦争ではなく、主自身が命じ、民に先立って戦う戦争のことである。

軍神とのイメージは、旧約聖書における神の呼称「万軍の主[44]」によって暗示されている。少年ダビデは、ペリシテ軍の巨漢兵士ゴリアトと戦う時に「お前は剣や槍や投げ槍でわたしに向かって来るが、わたしはお前が挑戦したイスラエルの戦列の神、万軍の主の名によってお前に立ち向かう[45]」と言って、小石と石投げ紐だけで戦いゴリアトを倒してしまう。軍備的に劣勢であっても、主の軍勢の側にいる者は、必ず勝利するという信仰の表明だった。万軍の主の呼称は、エレミヤ書が「イスラエルの神、万軍の主はこう言われる。見よ、わたしはこの都と、それに属するすべての町々に、わたしが告げたすべての災いをもたらす……[46]」と記すように、またイザヤ書が「翼を広げた鳥のように万軍の主はエルサレムの上にあって守られる。これを守

(42)　八塚『十字軍という聖戦』194–96頁。
(43)　Gwilym H. Jones, "'Holy War' or 'Yahweh War'?" *Vetus Testamentum* 25 (1975): 642–58; idem., "The Concept of Holy War," in *The World of Ancient Israel,* ed. R. E. Clements (Cambridge: Cambridge Univ. Press, 1989), 275–98.
(44)　יְהוָה צְבָאוֹת
(45)　サム上 17：45
(46)　エレ 19：15

り、助け、かばって救われる[47]」と記すように、旧約聖書の預言書にも万軍の主は散見される。

神に全幅の信頼を寄せ、どのような過酷な状況においても神の先導に従って歩むというユダヤ人の信仰姿勢は、出エジプトの体験によって確かにされたものだった。無力なイスラエルの民が奴隷とされていた土地エジプトから神の力強い御手によって脱出し、彼らを追うエジプト軍の兵士が主の力強い御手によって滅ぼされた出来事である。モーセは繰り返し民に向かって次のように告げている。

> あなたたちは、奴隷の家、エジプトから出たこの日を記念しなさい。主が力強い御手をもって、あなたたちをそこから導き出されたからである。[48]

後代のソロモン王は「あなたの民イスラエルに属さない異国人が、御名を慕い、遠い国から来て、――それは彼らが大いなる御名と力強い御手と伸ばされた御腕のことを耳にするからです――この神殿に来て祈るなら……[49]」と力強い御手が異国人にも開かれていることを祈っている。主の力強い御手に信頼する信仰姿勢は、民族滅亡の危機だったバビロン捕囚をも耐え忍ぶ底力になった。預言者は、神が敵を打ち砕いて、捕囚の民を帰還させることを宣言している。預言者エレミヤは、「バビロンへ連行されたユダの王、ヨヤキムの子エコンヤおよびバビロンへ行ったユダの捕囚の民をすべて、わたしはこの場所へ連れ帰る、と主は言われる。なぜなら、わたしがバビロンの王の軛を打ち砕くからである[50]」と預言した。バビロン捕囚から祖国に帰還したエズラについて旧約聖書は、「エズラは、イスラエルの神なる主が授けられたモーセの律法に詳しい書記官であり、その神なる主の御手の加護を受け

(47) イザ 31：5
(48) 出 13：3、9、14、16
(49) 王上 8：41-42
(50) エレ 28：4

て、求めるものをすべて王から与えられていた[51]」と説明している。

主なる神が戦われるのであり、信仰の民はその戦いを目撃するだけでよいとの信仰姿勢は、ローマ帝国の支配を打破しようとした1世紀のユダヤの民の行動にも散見される。たとえば、最終的な勝利は神によってもたらされると信じていた熱心党シカリ派は、戦う神の御手の業を早めるための一助になろうとしてテロ活動を行った。また、サドカイ派は、神殿での祭儀が神の勝利の一助になると考えたのである。他方、ファリサイ派は、民が律法を遵守することによってこそ神の勝利の一助になると考えた。エッセネ派は、「エッセネ人の教義は、いっさいのことを主の手に委ねることにある[52]」とヨセフスが記すように、汚れた世から離れ、聖なる厳格な閉鎖的生活を営むことによって神の支配が実現されると考えた。しかし、それは戦いを忌避するものではなかった。ユダヤ人によるアスカロンへの攻撃を指揮した3人の勇者の1人がエッセネ派のヨセフだったとの記録がある[53]。また、エッセネ派共同体の主要文書である『戦いの巻物』には、ローマ軍のパレスチナ占領に関する詳細な言及が含まれており、ローマ軍の表象でもある闇の子と光の子らとの戦いは、最終的には「神の力強い御手」によって解決されるとある[54]。エッセネ派の多数の者は、ヨセフスが下記のように描写するように、平穏な生活を営むことができた[55]。

> 神に対する彼らの敬虔な態度には独特のものがある。即ち、太陽が上る前には俗的な事柄については一言も口にせず、まるで太陽が昇るのを嘆願するかのようにそれに向かって父祖伝来の祈りを献げる。その後で、熟練した仕事へと、監督者によって派遣され、五時までわきめもふれずに働いた後、再び一つの場所に集まり、亜麻布の衣を腰にまとって、冷たい水で沐浴する。

---

(51)　エズ7：6b
(52)　『ユダヤ古代誌』18：18。
(53)　ヨセフス『ユダヤ戦記』3：11。
(54)　ジョン・リッチズ『イエスが生きた世界』新教出版社、1996年、120頁。
(55)　『ユダヤ戦記』2：128-29。

ヘロデが自分の統治を強化するためにカエサルへの忠誠の誓言とヘロデの統治に喜んで従う誓言を民に強制し従わぬ者をあらゆる手段を用いて殺したときも、エッセネ派の人々はその義務の履行を免除された。その特権は、未来を予知する能力を神によって与えられたエッセネ派のマナエモスが将来のまだ不明だった子供のヘロデに「ユダヤ人の王」と呼びかけた出来事をヘロデが覚えていたことによって与えられた特権だった[(56)]。

当時、多くのユダヤ人は、自分たちは戦うことなく主がローマ軍を打ち破るのを目撃するものと信じていた。たとえば、ヨセフスの記録する「サマリア人」、テウダス、「エジプト人」などは、「テウダスというペテン師が大勢の民衆に向かって、全財産を持ち自分にしたがってヨルダン川まで行くように説き……彼が命ずればヨルダン川は二つに割れ、彼らは簡単にそこを通れる[(57)]」とか「エジプト人偽預言者は、……この地方にやって来て、預言者だと信じ込ませ、だまされた者たち三万人を自分の周囲に集めて、……武器を持って彼とともに決起している者たちを用いてローマ守備隊を支配下に置き、僭主として市民を支配しようというものであった[(58)]」と記されているように、群衆を煽動し神の奇跡的な救済の業によってユダヤ国家の主権回復をもくろんだ者たちであった。多くの者がその煽動を信じて神の勝利の業を見届けようと付き従ったのである[(59)]。しかし、勝利は実現せず群衆はローマ軍によって鎮圧された。少年十字軍がそうだったようにエッセネ派など1世紀のユダヤ人共同体における信仰的確信は、ローマ軍によるユダヤ共同体殲滅という悲惨な結果に終わった。実際に悲惨を体験したヨセフスは、「サマリア人」、テウダス、「エジプト人」などをペテン師や偽預言者と酷評している。それは、少年十字軍の信仰とその悲惨な結末、また、日本における文永の役や弘安の役での超自然的勝利が太平洋戦争での神風の保証にはならずに特攻隊となった悲惨な結末とも重なる空しい希望に囚われた出来事だった。

他方、神の力強い御手に従うとの表現は、新約聖書に「神の力強い御手

(56) 『ユダヤ古代誌』15：372-379。
(57) 『ユダヤ古代誌』20：97。
(58) 『ユダヤ戦記』2：261-62。
(59) リッチズ『イエスが生きた世界』126-27頁、使5：36、21：38。

の下で自分を低くしなさい。そうすれば、かの時には高めていただけます[60]」と記されているように後代に継承されている。近代において、トルストイの無抵抗主義、タゴールの世界市民、ガンディーの非暴力主義、M. L. キングの公民権運動など類例が散見される。神の介入による超自然的勝利への期待と無抵抗の非戦の関係が招く軋轢の構図は、時代や場所を超越する図像なのかもしれない。宗教改革以降16世紀から17世紀に設立されたクエーカー（フレンド派）やメノナイト派、メノナイト派分派であるアーミッシュもまた、戦争に反対し、兵役義務を拒否し、非暴力の平和主義に徹しようとしたことで知られている。彼らは、エッセネ派などの1世紀ユダヤ人を連想させる。本節では特に信仰的理由のゆえに国家の兵役義務を拒否し、非戦を貫こうとしたメノナイト派キリスト者の苦難の軌跡に注目する。

メノナイト派は、非暴力アナバプテスト派のグループの1つで、その組織化と団結に貢献した16世紀のオランダのカトリック神父メノ・シモンズの名前に因んで付けられた会派である。メノナイトの群れは、メノ・シモンズの教説に従って国家と教会の分離や無抵抗主義を貫こうとした。しかし、ナポレオン時代のオランダのメノナイトの群れは兵役に就くなどした結果、反戦論は消滅し、植民地の総督、最高裁判事、海軍大臣などの人物を輩出し、20万人を数えていた信者は、歴史的原理の喪失により1820年には3万人に減少したという[61]。メノナイトは、スイス、ドイツ、フランス、ロシアなどに移住してゆく。また、19世紀に迫害を逃れて各地から米国のウイリアム・ペンの地ペンシルベニアへ移住した。移住の目的の1つが兵役を逃れることであったが、独立戦争に直面してしまう。従軍の宣誓に署名をしなかったが、戦時税の支払いへの対応を巡って教会は分裂する。南北戦争ではアメリカ初の徴兵法が実施される。その法律には、良心的反戦主義者のために、徴兵に応じない代わりに、病院で傷病兵のために働く、解放黒人の世話にあたる、傷病兵のために300ドルを支払うなど、3つの道が備えられていた。彼らは3番目を選択した[62]。第一次世界大戦は、すべての健康な男子が徴兵の

(60)　Ⅰペト5：6
(61)　ミラード・リンド『キリストに従う者と戦争』新教出版社、1957年、86-87頁。
(62)　同103頁。

対象とされたので、多くのメノナイト兵士が軍務違反で軍法会にかけられた。第二次世界大戦ではメノナイトは、平和の君イエス・キリストを証しするために政府の定めた民間公共奉仕に参加し、森林業務、土地開発、十二指腸虫の取締、土壌保全、精神病院での奉仕、搾乳検査などに携わった。彼らは、軍務を拒否したが、政治的反戦主義者ではなかった。聖書に記されているイエス・キリストの言葉「剣をさやに納めなさい。剣を取る者は皆、剣で滅びる」[(63)]などの聖句に基づく宗教的動機により非戦の立場をとったのであり、その代替としてむしろ積極的に公共奉仕に参加し国家に貢献しようとしたのである。これは、近代のキリスト者が直面した非戦の信仰と国家の要請とが生み出す軋轢を乗り越える１つの方策を提示したものである。旧約聖書に記された主の戦いを概観したメノナイト旧約学者リンドは彼の著書の末尾に「忠実な信仰者を将来へと支え導く新しい主の御業」[(64)]の期待を記し、主の戦いを超越する希望としての信仰の存在を暗示している。今日、正義の戦争や聖戦や主の戦いを乗り越える新しい平和理念が求められている。

---

(63)　マタ 26：52

(64)　Millard C. Lind, *Yahweh Is a Warrior* (Scottdale, Pa.: Herald Press, 1980), 174.

Ⅱ　平 和 観

1　はじめに

日本語の「平和」の言葉に込められている概念は、古語辞典が「人の心、物の性質、人間関係などが穏やかなさま」と説明するように、字義通り「平らかで和やかな気持ちのさま」のことである。これは、古代仏教やジャイナ教が主張する平和思想の「波風の立つことを避けてひたすら忍耐しつつ沈黙を守れば成就する」という詠嘆的平和に淵源したものである。たとえば、仲間意識の強い地域共同体や過剰に統制された国家内部に観察される平和である。この平和概念を国内外の問題に敷衍するならば、戦争などの暴力行為が生起しないことを平和と考えるいわゆる否定的もしくは消極的平和概念へ連なるものである。

詠嘆的平和や消極的平和は受動的だが、それと対照的な平和が、英語のpacification（peace）の意味する平和である。Pacificationは、ラテン語のpaxやpacisに由来する言葉で、その動詞to pacifyが「泣き叫ぶ赤子を静かにさせる」の意味を持つように、また、泣く赤子の口にしゃぶらせる玩具をpacifier（おしゃぶり）と呼ぶように、混乱する現状を成熟した手腕で落ち着かせる能動的な姿勢が含意されている。それゆえ、正義の戦争は、他国への侵略などの国際犯罪を能動的に平定する手段であり、pacification実現の具体的政策と考えられた。しかし、騒乱を静めることだけ、換言するならば、否定的もしくは消極的平和の実現だけを意図するならば、完全な平和の実現は正義の戦争だけでは不可能である。

他方、自由、平等、人権尊重、福祉など、社会的文化的諸側面におけるよりよい生活環境の実現をもって平和が達成されたと理解する概念を肯定的もしくは積極的平和と呼ぶ。平和を、戦争ではなく、暴力との対比において理解する。たとえば、現代の医の倫理、企業や経営倫理、科学や環境などに関する問題提起および問題解決への努力は、積極的平和の具体的現れである。

本節では、消極的平和、積極的平和、絶対平和について論考する前に、聖書の記す平和の用語、旧約聖書の「シャローム[65]」と新約聖書の「エイレーネ[66]」について概観する。

2 シャロームとエイレーネ

「シャローム」は、旧約聖書に240回ほど記述されており、その意味は「全体、完全、健康、平和」など多様である[67]。本節では、「シャローム」の意味をそのギリシア語訳である新約聖書「エイレーネ」との関連に注目しつつ概観する。

（1）シャロームは、個人的関係において争いや災いのない状態を意味する。たとえば、アビメレクの参謀アフザトはイサクに「以前、我々はあなたに何ら危害を加えず、むしろあなたのためになるよう計り、あなたを無事に[68]送り出しました。そのようにあなたも、我々にいかなる害も与えないでください[69]」と語っている。このシャロームは、他者に害を加えないとの意味において使われている。また、アキシュとダビデの会話「今は、平和に帰ってほしい。ペリシテの武将たちの好まないこと[70]をしてはならない[71]」のように、他者の願わないことをしないとの意味も含まれている。

また、歩く、行く、帰る、戻るなど、人間の旅や往来において災いや害のふりかからない無事で安心な状態をも意味する。ヤコブは「神がわたしと共におられ、わたしが歩むこの旅路を守り、食べ物、着る物を与え、無事に[72]父の家に帰らせてくださり[73]」とベテルで主に祈っている。これは、災いや害のふりかからない旅を全うできるようにとの祈りである。この意味のシャ

---

(65) שׁלוֹם

(66) εἰρήνη

(67) *The Hebrew and Aramaic Lexicon of the Old Testament* (Leiden: Brill, 1999), 4: 1506-1510.

(68) בְּשָׁלוֹם

(69) 創 26：29

(70) רָע

(71) サム上 29：7

(72) בְּשָׁלוֹם

(73) 創 28：20-21

ロームは、人生の日常生活においても妥当する。たとえば、穏やかに語ること[74]、ゆっくり横たわって憩うこと[75]などである。それゆえ、「あなた自身は、長寿を全うして葬られ、安らかに[76]先祖のもとに行く[77]」と表現されているように、災いに会わない人生を歩んだ者が平安な状態で天寿を全うする者と考えられた。反対に、「神に逆らう者の安泰を見てわたしは驕る者をうらやんだ。死ぬまで彼らは苦しみを知らずからだも肥えている[78]」と記されているように、神に逆らう者の長寿で安泰な姿は、不条理な現象だった。

さて、災害が個人に降りかからないように願うことは、日常会話では、相手の安否を問う挨拶の言葉となる。ヨセフは再会した兄弟に「年をとった父上は元気か[79]。まだ生きておられるか[80]」と安否を尋ねている。この質問は、「あなたさまの僕である父は元気で[81]、まだ生きております[82]」との返答を会話の自然な流れの中で期待する問いでもある。また、相手に安否を尋ねるのではなく、相手の無事を告知するシャロームもある。主がギデオンに語った言葉「安心せよ[83]。恐れるな。あなたが死ぬことはない[84]」である。

さらに、このシャロームは、日常挨拶の常套句としても用いられている。たとえば、シュネムの婦人は、子供が死んでいるにもかかわらず、エリシャの従者ゲハジの挨拶「お変わりありませんか。御主人はお変わりありませんか[85]。お子さんはお変わりありませんか[86]」に対し「変わりはございません[87]」

(74)　創 37：4
(75)　イザ 57：2
(76)　בְּשָׁלוֹם
(77)　創 15：15
(78)　詩 73：3-4
(79)　הֲשָׁלוֹם
(80)　創 43：27
(81)　שָׁלוֹם
(82)　創 43：28
(83)　שָׁלוֹם
(84)　士 6：23
(85)　הֲשָׁלוֹם
(86)　הֲשָׁלוֹם
(87)　שָׁלוֹם

と応じている[88]。この場合、シュネムの婦人の語ったシャロームは、安否の問いかけに対する答えではなく、慣習的な挨拶の言葉として語られたものである。時として、このような形骸化された挨拶の言葉としてシャロームが用いられる。イゼベルは、アハブ王朝に取って代わろうとしているイエフに対し「主人殺しのジムリ、御無事でいらっしゃいますか[89]」と声をかけている。自分たちを滅ぼそうとしている者の安否を尋ねるはずもなく、ただ単に形式的な挨拶を交わしただけのことである。

（2）シャロームは、国家的関係においての争いや災いのない状態をも意味する。イザヤが語る「不法を耳にすることなく、破壊と崩壊は領土のうちから絶える[90]」という状態、すなわち、戦争などの国家的騒乱状態が起きないことが意味されている。ミカは「彼らは歯で何かをかんでいる間は平和[91]を告げるが、その口に何も与えない人には戦争を宣言する[92]」と語り、また、詩編の記者は「平和[93]をこそわたしは語るのに、彼らはただ戦いを語る[94]」と嘆いている。戦争と対比される平和である。たとえば、戦争相手にシャロームを告げるとは降伏を勧告することであり[95]、その勧告に応じるならば相手の命は保証された[96]。戦場でのシャロームとは、戦況が有利にあることを意味し[97]、「平和の契約[98]」は契約相手を戦いによって殲滅しないとの約束だった[99]。命を保証する主体が主の場合には「平和の主[100]」の呼び名が用いられた[101]。

---

(88) 王上 4：26
(89) הֲשָׁלוֹם（王下 9：31）
(90) イザ 60：17-18
(91) שָׁלוֹם
(92) ミカ 3：5
(93) שָׁלוֹם
(94) 詩 120：7
(95) 申 20：10-11
(96) ヨシ 9：15
(97) サム下 11：7
(98) בְּרִיתִי שָׁלוֹם
(99) 民 25：12、イザ 54：10、エゼ 34：25、37：26
(100) יְהוָה שָׁלוֹם
(101) 士 6：24

（3）上記の（1）と（2）で考察されたシャロームに必ずしも分類されない用例もある。恵み[102]や真実[103]とともに記される広義のシャロームである。終末における平和の実現[104]やメシア預言「平和の君[105]」がこの用例に該当する。広義のシャロームは、新約聖書のエイレーネの用例、特に、神との和解や終末の救済と関連する用例へと展開してゆく[106]。

エイレーネは、新約聖書において95回記されており、それらは、（1）「わたしが来たのは地上に平和をもたらすためだ、と思ってはならない。平和ではなく、剣をもたらすために来たのだ[107]」に見られるような国家的安寧や個人的平安を示す用例や、（2）「エルサレムに近づき、都が見えたとき、イエスはその都のために泣いて、言われた。『もしこの日に、お前も平和への道をわきまえていたなら……。しかし今は、それがお前には見えない……[108]』」の用例のようにシャロームと同じく安心安全繁栄を意味する用例や、（3）「平和の源である神があなたがた一同と共におられるように、アーメン[109]」のようにメシアの平和やキリストの救いによる平安を表現する用例に大別される。その中でも圧倒的に多いのが（3）の用例である。たとえば、ザカリヤは、イエス・キリストの誕生を預言し、「暗闇と死の陰に座している者たちを照らし、我らの歩みを平和の道に[110]導く[111]」と表現した。また、イエス・キリスト自身も「わたしは、平和[112]をあなたがたに残し、わたしの平和を与える[113]」と語り、十字架と復活によって与えられる平和を説いている。使徒た

（102）イザ 48：18
（103）ゼカ 8：19
（104）ゼカ 9：9-10
（105）שַׂר־שָׁלוֹם（イザ 9：5）
（106）Werner Foerster, "εἰρήνη," *Theological Dictionary of the New Testament* (Grand Rapids, Michigan: Eerdmans, 1964), 2: 412-13.
（107）マタ 10：34
（108）ルカ 19：41-42
（109）ロマ 15：33
（110）εἰς ὁδον εἰρήνης
（111）ルカ 1：79
（112）εἰρήνην
（113）ヨハ 14：27

ちも、「……このことを待ち望みながら、きずや汚れが何一つなく、平和に[114]過ごしていると神に認めていただけるように励みなさい[115]」、「平和の神御自身[116]が、あなたがたを全く聖なる者としてくださいますように。……わたしたちの主イエス・キリストの来られるとき、非のうちどころのないものとしてくださいますように[117]」と語り、広義の平和を説いている。

平和に関する議論を以下の図にまとめることができる。

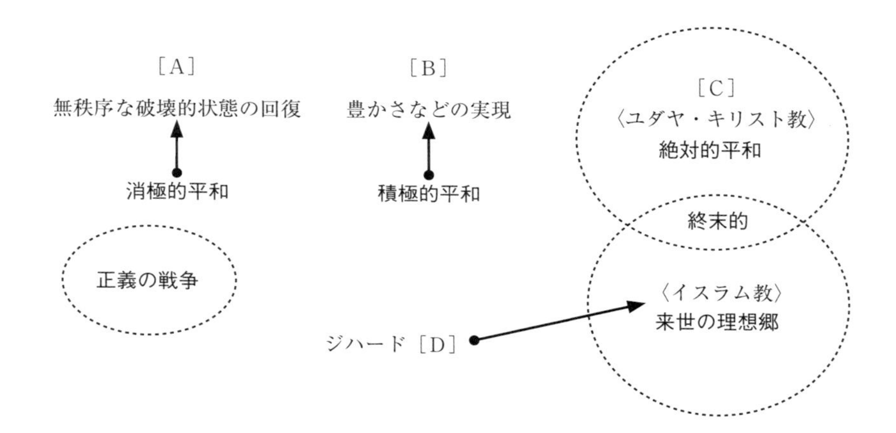

［A］消極的平和は、無秩序な破壊的状態を問題にする。破壊的状態を適切な水準に回復させることをもって平和と解する概念である。国際関係の場合、一方の国家が他方の国家を犯罪的に蹂躙する侵略などの破壊状態が問題となる。回復する手段として、国内問題の場合には治安維持のための国内法や警察力などが適用されるであろう。また、当該国家の文化や伝統も無言の抑止力となる。他方、国際問題の場合には、当事者の２国間協議や他国を含めた多国間協議、もしくは、国際連合などの調停機関介在が外交的手段として有効である。万策尽きた最終段階において、しばしば採用される政治手段

(114) ἐν εἰρήνῃ
(115) Ⅱペト３：14
(116) ὁ θεος τῆς εἰρήνης
(117) Ⅰテサ５：23

が正義の戦争である。

［B］積極的平和は、自由、平等、人権、福祉など人類の社会的文化的諸側面での改善向上の実現をもって平和とみなす概念である。黄金律と呼ばれている「隣人を自分のように愛しなさい[(118)]」が連想される。すなわち、積極的平和に関しては、既成の解答は準備されておらず、そのゴールは彼方に存在するかのように思われる。社会もしくは国家による継続的で積極的な参与がなければ、実現されることの難しい平和である。

［C］絶対的平和は、下記の旧約聖書イザヤ書11章6-9節の聖句によって示唆される終末的平和の概念である。

> 狼は小羊と共に宿り、豹は子山羊と共に伏す。子牛は若獅子と共に育ち、小さい子供がそれらを導く。牛も熊も共に草をはみ、その子らは共に伏し、獅子も牛もひとしく干し草を食らう。乳飲み子は毒蛇の穴に戯れ、幼子は蝮の巣に手を入れる。わたしの聖なる山においては、何ものも害を加えず、滅ぼすこともない。水が海を覆っているように、大地は主を知る知識で満たされる。

この平和を今日の世界に適用したのが、直接的な戦争参加を拒否するメノナイト派、アーミッシュ、クエーカーのキリスト者たちである。また、イエス時代のエッセネ派やクムラン宗団も終末的絶対平和を標榜した者たちである。上述の考察により、聖書の用語のシャロームとエイレーネが図の［A］［B］［C］の領域を包括する用語であるとわかる。

3　ジハード

上記の図では、イスラム教用語のジハード［D］が、図［C］の終末的来世においてキリスト教と関連していることを示している。終末ということにおいては重なるが、ジハードは死後の理想郷に入ることを確実にするという内的動機をもって実行される戦いであり、キリスト教における終末思想とは

---

(118) マコ12：31、ロマ13：9

質を異にしている。ジハードに関するコーランの邦訳は以下の通りである。

汝らに戦いを挑む者があれば、アッラーの道において堂々とこれを迎え撃つがよい……どこでも戦え。そして彼らが汝らを追いだした場所からこちらで向うを追いだしてしまえ。(119)

戦うことは汝らに課せられた義務じゃ。さぞ厭でもあろうけれど。……アッラーの道に勇敢に戦う人々、そういう人々だけはアッラーの御慈悲が期待できようぞ。(120)

汝ら、アッラーの道に戦えよ。アッラーはすべてを聞き、あらゆることを知り給うと心得よ。(121)

いざ戦いの命令が本当に出たとなったら、ごく少数のもの以外はみんな背を向けてしまった。アッラーは不義なす者どものことは全部御存知におわすぞ。(122)

アッラーの路に斃れた人々のことを死人などと言ってはならぬ。否、彼らは生きている。(123)

……信仰を抱き、かつ善行をなす人々に向かっては喜びの音信を告げ知らせてやるがよいぞ。彼らはやがてせんせんと河水流れる緑園に赴くであろうことを。その果実を日々の糧として供されるとき彼らは言うことであろう、「これは以前に私たちが食べていたものとそっくりでございます」と。それほどよく似たものを食べさせて戴けるうえに、清浄無垢

(119) 牝牛 2：186-90。井筒俊彦訳『コーラン』(上)、岩波書店 (1964 年改版) より。
(120) 牝牛 2：212-15
(121) 牝牛 2：245
(122) 牝牛 2：247
(123) 牝牛 2：149

の妻たちをあてがわれ、そこにそうして永遠に住まうであろうぞ。[124]

とにかく、現世を棄ててその代わりに来世を獲ようと志す者は、大いにアッラーの道に戦うがよい。アッラーの道に戦う者は、戦死してもまた凱旋しても、我らがきっと大きな褒美を授けてやろうぞ。[125]

コーランの解釈が複数あるように、ジハードの解釈も複数存在する。それゆえ、イスラム教各派が解釈するジハードや用いる手段は多様である。また、イスラム教用語のジハードをキリスト教が借用語「聖戦」とし、また、今日、聖戦の定義を確定させずに日常的に使用していることも、戦争や平和に関する理解を混乱させている。[126] コーランに「汝らの手もとなるもの［旧約の律法］の真理を確証としてわたしが［天より］下したもの［コーラン］を信仰せよ[127]」と記されてある通り、コーランは、直接的に語られた神の言葉であり、無謬であると信じられている。その点において、イスラム教徒はすべて原理主義者であると言える。[128] また、イスラム教徒は、必ずしも反近代的ではなく、ましてや一般的に理解される意味でのテロリストでもない。[129] しかし、政治目的達成のために、コーランの終末的理想郷を性急に適用させたテロ行為を容認するジハード理解は、シャロームやエイレーネの示す平和と重なることはない。ジハードは、図示したとおり、正義の戦争と対極に位置する概念である。しかも、終末的である点においてはユダヤ・キリスト教の〈絶対的平和〉と重なるものの、イスラム教独特の死後の理想郷を目指しての行為である点においては相違するものである。

---

(124) 牝牛 2：23

(125) 女 4：76

(126) J. Astley, D. Brown, and A. Loades, *War and Peace, Problems in Theology*, no. 3 (N. Y.: T&T Clark, 2003), 62-4: [Sachiko Murata and William C. Chittick, *The Vision of Islam: The Foundations of Muslim Faith and Practice* (London, I. B. Tauris, 1996), 20-1.]

(127) 牝牛 2：41

(128) 井筒俊彦「解説」『コーラン』(上) 299頁。

(129) 中村廣郎『イスラームと近代』岩波書店、1997年、9-11頁。

イスラム復古主義の主張は、集団で不信仰者と戦うという古典的ジハード理解から、今日では、個人的ジハード論へと変化している。たとえば、イスラム世界の政治的文化的弱体化はジハードの義務をなおざりにした結果だと理解され、さらにカリフ制によるイスラム国家の再建を期待する個人に対しジハードの義務が課せられる。また、政府の指導者であってもイスラムの明確な教え（礼拝、喜捨、飲酒・姦通の禁止など）[130]に背くならば、不信仰者と見なされ、ジハードの対象とされる。たとえば、エジプトのサダト大統領暗殺事件は、「ジハード団」と「イスラム集団」が合同して実行したジハードだった。[131]このようなジハード理解を持つイスラム信仰者を特別に原理主義者（ファンダメンタリスト）と呼ぶのは適当でない。原理主義はキリスト教起源の用語であり、聖書の無謬性、処女降誕、十字架の贖罪死と復活、キリストの神性と再臨を文字通り信ずることを意味してのものである。イスラム教の場合、コーランは、もともと、神の直接的言葉、すなわち、無謬であると信じられており、その意味において、イスラム教信者すべては原理主義者である。

イスラム世界は、ムハンマド（570年頃生）以来、アラブ諸部族に浸透し、コーランに記された一神教の信仰を中核に拡大し、アダム以来示されてきた神中心の平等で平和な理想的社会（ウンマ）の実現を目指し、オスマン帝国の隆盛など17-19世紀まで厳然としてその勢力を維持してきた。政治、軍事、科学、思想、文化、宗教など、すべての分野において世界を凌駕してきた。たとえば、十字軍が敗退し、キリスト教世界がこのときにアラビア語文献からギリシア哲学を学び、ヨーロッパ（キリスト教）文化の近代化が始められたことを指摘するだけで十分な例証となる。イスラム復古主義が欧米の近代化と鋭く対立する背景には、イスラム文化の過去の繁栄を回復したいとの期待があると理解される。では、欧米の近代文化が先進国を形成している現代において、どのような相互理解が成立するだろうか。

---

(130) 同24-25頁。イスラム教徒が神に直接負う義務は五つ（信仰告白、礼拝、喜捨、断食、巡礼）である。

(131) 中田考『ビンラディンの論理』小学館、2002年、127-32頁。藤原和彦『イスラム過激原理主義』中央公論社、2001年、40頁。

4　グローバリゼーションとイスラム

第二次世界大戦後、世界は、政治、軍事、経済、文化などすべての面において、国際連合を中心にした平和が維持されてきた。国連は、第二次世界大戦の枢軸国（日独伊）に勝利した連合国（米英中ソ）が設置した機関であるが、今日では、欧米先進諸国を中心とした世界支配体制の中核機関に変容してきた。欧米という表現は、ヨーロッパの文化と伝統を継承する諸国のことであり、その共通的な拠所はキリスト教である。たとえば、世界人権宣言（1948年）に見られる人間理解も然りである。1998年の国連50周年を前にした1997年に、人権宣言において明確にされていない「義務と責任」を表明しようと「人間の責任に関する世界宣言[132]」が議せられた。その第4条は[133]、

> 理性と良心を授けられたすべての人々は、各々と全員に対する、すなわち家族と地域社会に対する、人種、国家および宗教に対する責任を、連帯の精神によって受け入れなければならない。自分自身が他者からされたくないことは他者に対しても行ってはならない。

である[134]。普遍的な価値観を求めるのか、ユダヤ教・キリスト教的倫理観を採用するかは、さらに議論を要するだろう。また、国連による世界平和維持の限界も認識されてきた。たとえば、自国の安全保障や利益と直接に関係がない平和維持活動にどうして自国民の血を流さなければならないのかとの疑問の声が、平和維持活動派遣国から起きている[135]。さらに、1998年8月に起きたケニアの首都ナイロビとタンザニアの首都ダルエスサラームの米国大使

---

(132) A Universal Declaration of Human Responsibilities

(133) “All people, endowed with reason and conscience, must accept a responsibility to each and all, to families and communities, to races, nations, and religions in a spirit of solidarity : What you do not wish to be done to yourself, do not do to others.”

(134) Hans Küng and Helmut Schmidt, ed. *A Global Ethic and Global Responsibilities: Two Declarations*, (London; SCM Press, 1998), 14.

(135) 色摩力夫『国際連合という神話』PHP研究所、2001年、100頁。江畑謙介『安全保障とは何か』平凡社、1999年、31頁。

館同時爆破テロとその首謀者ウサマ・ビン・ラディン一派に対する報復攻撃において明確にされた国家対テロという非対称型の戦争に国連軍派遣では対応できなくなってきた現実がある[136]。英米と独仏露が、国連安保理においてイラク問題で鋭く対立したことも挙げられる。

以上のような状況の中で、「インターネット」に代表される本格的グローバリゼーションの時代が到来したのである。問題は、グローバリゼーション自体が、必ずしもイスラム諸国で受け入れられてはいない理念だということである。たとえば、穏健なイスラム国家であるマレーシアは、マレー人、中国人、インド人が混在する他民族国家でありながら、国教をイスラム教としている。宗教などの自由が保証され、堅実な国家建設を続けたこの国の指導者が、1981年に首相に就任したマハティール・モハマッドだった[137]。彼の演説から、穏健イスラムが今日の世界をどのようにみているかについて概観してみる。マハティールは、いわゆるグローバリゼーションについて次のように語る。

> 今日において形成され存在しているグローバリゼーションは、北大西洋諸国の発明品であり、私たちは、それが彼ら自身をさらに裕福にし、彼らの世界支配を強化するものであると見なす。彼らがすでに世界を支配していることは無論のことである。しかし、彼らは、東アジアの大きな国々やイスラムの弱小諸国のどちらからも絶対に挑戦されないように、その支配を巧みに強化しようと欲している[138]。

---

(136) 同38-45頁。

(137) 2018年、マハティール氏（92歳）は、野党連合・希望連盟を率いてナジブ政権を倒し、15年ぶりに首相の座についた。

(138) “Globalisation, as it is formulated and presented today, is an invention of the North Atlantic countries, and we can take it for granted that it is intended to enrich them further and enhance their domination of the world. They already dominate the world of course. But they want to strengthen that domination to ensure they will not be successfully challenged either the big East Asian countries or even the weak Muslim countries.” Mahathir Mohamad, *Islam & the Muslim Ummah* (Malaysia : Pelanduk Publications, 2000), 17.

この一世紀の間、イスラム諸国は、イスラム教徒やイスラム国家が抑圧されることに黙って耐えてきた。……私はグローバリゼーションがどのように私たちを抑圧し、どのように私たちを再度富者の植民地にするかと全く悲観的構図を描いてきた。しかし、グローバリゼーションは、必ずしもこのような結果だけを導くものではない。グローバリゼーションは、私たちにとっても機能し得るものである。(139)

イスラム諸国が世界を支配した時代があった。その後、衰退が訪れた。衰退の原因は、私たちが、私たちの宗教の解釈に関する議論に余りにも没頭していたからである。イスラム政府は、イスラム過激派の攻撃に絶えずさらされている。(140)

イスラム教徒やイスラム諸国は、すさまじく恐ろしい課題に直面している。今日の形態でのグローバリゼーションは、私たちや私たちの宗教に脅威になっている。私たちは、独りよがりで無益な暴力を行使することによって、私たちの怒りや不満をぶちまけるべきではない。むしろ、ITによって力を得て、情報化時代の挑戦を制御できる能力を備えるようにと私たちのウンマを発展させるよう計画し遂行すべきなのである。これが、私たちの真のジハードである。私は、私たちがこのジハードを確実に成功させる手腕と能力を持っていると信じている。(141)

---

(139) "For a century now they have suffered in silence while Muslims and Muslim countries are oppressed. . . . I have painted the gloomy picture of globalisation, how it can oppress us, how it can make us once again the colonies of the riches. But it is not necessary that globalisation will have this kind of result. Globalisation can be made to work for us." *Islam & the Muslim Ummah*, 21.

(140) "There was once a time when the Muslim countries dominated the world. Then there was a decline. The decline was because we were pre-occupied with bickering regarding the interpretations of our religion. Muslim governments are forever being attacked by extremist Muslims." *Islam & the Muslim Ummah*, 22.

(141) "Muslims and Muslim countries are faced with a tremendous and frightening challenge. Globalisation in the form that it takes now is a threat against us and our religion. We should not vent our anger and frustration by mounting futile isolated violence. Instead we should plan and execute the development of our

この演説の中で示されているジハード理解、すなわち、マレーシアの志向するイスラム国家建設は、過激ではなく穏健である。グローバリゼーションを肯定的にとらえ、政治や経済面において欧米と肩を並べる国力を充実させる努力を行うことこそジハードであると理解されている。今日のイスラム教が直面しているこのような問題は、1世紀のユダヤ教が抱えていたと問題と共通する。1世紀のユダヤ人たちは、ユダヤ教の伝統と慣習を継承し、ユダヤ人としてふさわしい信仰生活やアイデンティティを確立しようとした。彼らの間では、何に服従し何に反対するべきかなどさまざまな意見が主張され、やがて、ファリサイ派、サドカイ派、エッセネ派、熱心党などの諸集団が台頭してきた。その後、根本的変革が、ユダヤの諸派ではなく、バプテスマのヨハネやイエス・キリストによってもたらされた。今日的課題は何かと問うならば、1世紀のユダヤ教と同様の宗教的葛藤を抱くイスラム諸国と、私たちとが同時代に生きていることである。日本は、日米安保条約に代表されるように欧米の伝統と価値観に連なる位置にある。世界の中で、またアジアの中で、日本はどのような行動をとることができるかが問われている。

2001年9月11日の出来事に関し、東京大学教授の北岡伸一（日本政治外交史）は、米国の報復戦争に反対する世相強烈な時期に日本政府の不作為を批判し、

> 現在の最大の課題は、テロリズムの根絶である。……テロリストの幹部を捕捉し、裁判にかけ、その拠点を破壊しなければならない。そのためには、軍事力の行使は不可欠である。では日本は何をすべきか。……軍事行動それ自体は法的にも実力的にも無理だが、その他に出来ることはすべてやるべきだ。

との記事を寄せている。その中で、北岡は、

---

ummah so as to be empowered by IT and be capable of handling the challenges of the Information Age. This is our real jihad. I believe we have the talents and the capacity to ensure the success of this jihad." *Islam & the Muslim Ummah*, 24.

戦後日本では、二つのやや特異な考え方が有力だった。第一は、平和は平和的手段のみによって追求すべきだという考え方である。……第二は、民主主義のためには、政府の権限は出来るだけ限定すべきだという考え方である。

と論じ、戦後日本思想の大きな転機を迎えていると主張した[142]。村上陽一郎もまた、朝日新聞のインタビューに応え、

不思議に思うことは……日本社会の反応が意外に穏やかなことです。激しい怒りは、あまり表に出てこない。犯罪やテロの被害も自然災害のように受け止めてしまう一種の諦観が日本人にはあるようにも見える。……日本人の安全をどう守るかという危機感が本当に感じられない。

イスラムと科学技術文明の価値観は違うけれど、それでも普通のイスラムの人たちとの間には妥協点があると思う。……問題は共有できる部分を見いだし、それを少しでも広げることです。

と語っている[143]。他方、塩野七生は「日本人へ！ ビンラディンにどう勝つか」と題して『文藝春秋』に寄稿し、

穏健イスラムと過激イスラムとかの呼び名を好まない。……それより……「開くイスラム」と「閉じるイスラム」と考えることにしている。同じくキリスト教徒の世界にも、開かれた精神をもつキリスト教徒と、閉鎖的なキリスト教徒の双方が存在するのはもちろんだ。つまり……二十一世紀の世界に対立が避けられないのならば、それは、キリスト教世界対イスラム世界ではなく、開かれた世界対閉じられた世界の対決に

(142) 北岡伸一「政府の不作為も危険」朝日新聞2001年10月12日朝刊、23頁（第12版）。
(143) 村上陽一郎「寛容の精神共通目標に」朝日新聞2001年11月16日朝刊、13頁（第12版）。

もっていく必要があると思うのである。

と提案している。[144] いずれも、日本国家の平和を維持しつつ、世界との共存共栄を図る方法を模索しての意見である。問題の基底に、戦後日本の国家観や日本人アイデンティティの不確定さがあると考える。[145] たとえば、青少年のいじめや凶悪犯罪に関連し、2000年に総理大臣の諮問機関の教育改革国民会議は、このような現象が教育の失敗によって引き起こされたものと分析し、教育基本法が時代に適合しえなくなったので改正をと提言した。改正の具体策については、国民的議論に委ねたいとも発言した。旧教育基本法は、日本国憲法が公布された翌年の1947年3月31日に定められた法律である。前文と第一条は以下のとおりである。

（前文）われらは、さきに、日本国憲法を確定し、民主的で文化的な国家を建設して、世界の平和と人類の福祉に貢献しようとする決意を示した。この理想の実現は、根本において教育の力にまつべきものである。
われらは、個人の尊厳を重んじ、真理と平和を希求する人間の育成を期

---

(144) 塩野七生「日本人へ！ビンラディンにどう勝つか」『文藝春秋』2001年12月号、100頁。

(145)「ある外国人の家族が銭湯に入ろうとしたが、外国人との理由で入場を断られた。その後、この家族は日本国籍を取得し、再び、銭湯に行った。しかし、またもや入場を断られた。今度は国籍ではなく、姿が外国人だからとの理由だった。当然、この家族は提訴した。報道機関は事実関係を中心に伝えたが、日本人のアイデンティティとは何かとの問題を考えさせる事件である。外国人と日本人を区別する基準は何か。何故、日本人なのか。日本人のアイデンティティ問題である。恐らく、父母が日本人であること、すなわち、戸籍や日本語を話すこと、また、髪や瞳が黒いなどの身体的特徴も挙げられるだろう。しかし、それらは本当に日本人の基準なのだろうか。銭湯への入場を拒否された家族の場合もそうだったが、たとえば、日本に帰化した関取やサッカー選手に対し日本国籍を取得した外国人との感情を抱くならば、戸籍は確かな基準とはならない。……今日の日本は、アイデンティティ喪失状態である。無意識のうちに、皆と同じ姿形、行動様式、話し言葉など、換言するならば、狭い意味の仲間意識や同族意識が基準になっているのではないか。それ故、皆と異なる服装をする者や意見を述べる者を排除するいじめが横行するのではないかと考える」。佐々木哲夫／D. N. マーチー『はじめて学ぶキリスト教』教文館、2002年、208-209頁。

するとともに、普遍的にしてしかも個性ゆたかな文化の創造をめざす教育を普及徹底しなければならない。ここに、日本国憲法の精神に則り、教育の目的を明示して、新しい日本の教育の基本を確立するため、この法律を制定する。

第一条（教育の目的）教育は、人格の完成をめざし、平和的な国家及び社会の形成者として、真理と正義を愛し、個人の価値をたつとび、勤労と責任を重んじ、自主的精神に充ちた心身ともに健康な国民の育成を期して行われなければならない。

平成18年に改正された教育基本法の前文と第一条は以下のとおりである。

（前文）我々日本国民は、たゆまぬ努力によって築いてきた民主的で文化的な国家を更に発展させるとともに、世界の平和と人類の福祉の向上に貢献することを願うものである。我々は、この理想を実現するため、個人の尊厳を重んじ、真理と正義を希求し、公共の精神を尊び、豊かな人間性と創造性を備えた人間の育成を期するとともに、伝統を継承し、新しい文化の創造を目指す教育を推進する。ここに、我々は、日本国憲法の精神にのっとり、我が国の未来を切り拓く教育の基本を確立し、その振興を図るため、この法律を制定する。

第一条（教育の目的）　教育は、人格の完成を目指し、平和で民主的な国家及び社会の形成者として必要な資質を備えた心身ともに健康な国民の育成を期して行われなければならない。

教育基本法に明記されている個人の尊厳や価値の真の確立をめざすことについて理解を容易にするために「なぜ人を殺してはいけないのか」との問いにどう答えたらよいのかとの課題を設定してみたい。ある月刊誌に「なぜ人を殺してはいけないのかと子供に聞かれたら」との問いに対する文化人14人の答えが掲載されていた。そこには、社会秩序の維持のためという功利的な答えや「自分にされたくないことは他人にもするな」との黄金律を用いる答えも示されていたが、人間の本質的な価値に言及する答えはなかった。月刊誌の読者層を考慮した結果かもしれないが、そのような現実を見るとき、「人は神にかたどって創造されたゆえに本質的で固有の尊厳と価値を有するものである」との聖書の理念が、個を確立する根本理念として重要な響きをもってくる。人間が人間としての尊厳をもって生きる基準をイエス・キリストに見いだすことは、決して特異な選択ではない。むしろ、妥当で可能性ある方策である。(146)

今日、日本はどのような国家をつくろうとしているのだろうか。日本固有の歴史と伝統と文化を継承し、自由な民主主義の価値観を維持し、主権国家として必要な防衛力を保持しつつ世界的平和の実現を目指して国際協力に参加し人類の生存と繁栄を図る目標に向かって進むことになると考えられる。(147)

---

(146) 同194頁。昭和12年（1937年）文部省は、日本国民の精神を涵養するために『國體の本義』を発行した。本文の冒頭は、大日本帝国憲法第一条を敷衍し「大日本帝国は、万世一系の天皇皇祖の神勅を奉じて永遠にこれを統治し給ふ。これ、我が万古不易の国体である」と記している。また、日本の肇国に関し「我が肇国は、皇祖天照大神（あまてらすおおみかみ）が神勅を皇孫瓊々杵尊（ににぎのみこと）に授け給うて、豊葦原の瑞穂（みづほ）の国に降臨せしめ給うたときに存する。而して古事記・日本書紀等は、皇祖肇国の御事を語るに当つて、先づ天地開闢・修理固成のことを伝へてゐる」と説明し、古事記と日本書紀を引用している。古事記や日本書紀から引用する天地創造は、天がまず成って、地がその後に定まり、その後に天地の間に葦の芽のごとくに神が生じたというものである。すなわち、天皇の正統性の根源が神話に遡るものと説明されている。大日本帝国の国体論は、戦後、天皇の人間宣言によって終焉を迎えたが、日本神話のパラダイムは、最近の教育基本法改定の議論などを参照するとき、いまだ残っていると思われる。

(147) D.ボッシュ『宣教のパラダイム転換』（下）、新教出版社、2001年、385-95頁。

第３章

厄難と命

ヨブとエリフの不条理克服

1　はじめに

2011年3月11日午後2時46分、東日本大震災が発生した。気象庁の発表によれば、三陸沖の地殻が3回連続して破壊し、それぞれが1分半以上の揺れを引き起こし、合計6分間ほどの激しい揺れが生じたのだ。勤務先の教職員全員は、指定の避難場所へすぐに移動した。建物被害は甚大で、講義室の天井や設備は破損し、図書館の蔵書の大部分が書架から床へ落下した。しばらくして、沿岸地域を津波が襲った。日常生活を突然破壊し、死に至らしめる未曾有の災厄だ。普通に暮らしていた多くの市民がなぜこんな酷い目に遭わねばならないのか。この不条理をキリスト教はどのように説明するのかとの無言の問いかけが関係者の心に生じたと感じた。この課題は、旧約聖書ヨブ記の提題とも共通する。それゆえ、当時、礼拝での説教では、以下の旧約聖書と新約聖書の箇所をテキストにした。

> ヨブは主に答えて言った。あなたは全能であり　御旨の成就を妨げることはできないと悟りました。「これは何者か。知識もないのに　神の経綸を隠そうとするとは」。そのとおりです。わたしには理解できず、わたしの知識を超えた　驚くべき御業をあげつらっておりました。「聞け、わたしが話す。お前に尋ねる、わたしに答えてみよ」。あなたのことを、耳にしてはおりました。しかし今、この目であなたを仰ぎ見ます。それゆえ、わたしは塵と灰の上に伏し　自分を退け、悔い改めます。
>
> （ヨブ 42：1-6）

> ああ、神の富と知恵と知識のなんと深いことか。だれが、神の定めを究め尽くし、神の道を理解し尽くせよう。「いったいだれが主の心を知っていたであろうか。だれが主の相談相手であっただろうか。だれがまず主に与えて、その報いを受けるであろうか」。すべてのものは、神から出て、神によって保たれ、神に向かっているのです。栄光が神に永遠に

ありますように、アーメン。（ロマ11：33-36）

ヨブの3人の友人たちの議論、特に、若者エリフの弁論に不条理を超克する手がかりを見出し得るかとの課題は、旧約聖書学の問題であると同時に、東日本大震災の被災者の思いとも重なり、誠実に対応しなければならないものとなった[(1)]。ところで、大船渡で医院を開業し、『ケセン語訳新約聖書』を著した山浦玄嗣医師は、東日本大震災の被災者であり、大津波によって壊滅的被害を被った人々を支えた。その体験を記した著書『3・11後を生きる——「なぜ」と問わない』に以下のような記述がある[(2)]。

> 震災後少し落ち着くと、私のところにテレビ、新聞、雑誌などのインタビューが殺到してきました。……彼らは皆、判で押したようにこう言うのです。……「こういう実直で勤勉な立派な人々が、なぜこんな目に遭わなければならないのか。神さまはこういう人たちを、いったいなぜこんなむごい目に遭わせるのか。あなたは信仰者としてどう思いますか」。驚きました。そんなことは夢にも考えたことがなかったからです。考えたこともないことに返事しろなんて、全く途方に暮れてしまいました。ところがどういうわけか、来る人来る人みんな同じことを尋ねるのです。そのしつこさに、だんだん腹が立ってきました[(3)]。

山浦医師は、東日本大震災においてヨブと同じように不条理の課題を突きつけられたのだ。

---

(1) 1982年、シカゴ北部のトリニティ神学校で受講したT. E. McComiskey教授のクラス「諸書」におけるヨブ記エリフ弁論への言及が因果応報と不条理の課題を意識した最初である。その後、シカゴ大学のDennis G. Pardee教授、Jon D. Levenson教授、シカゴ・ルーテル神学校のWalter L. Michel教授らのクラスで旧約聖書の学びを、また、帰国後、津村俊夫先生の主催する旧約釈義研究会で旧約釈義の学びを継続することができた。

(2) 山浦玄嗣『3.11後を生きる——「なぜ」と問わない』日本キリスト教団出版局、2012年。

(3) 同47-49頁。

> 彼らが言いたいのは、「お前たちが拝んでいる神さま、仏さまは、お前たちを見捨てたではないか」「お前たちの信心は何だったんだ」「何のために今まで信心してきたんだ」という非難めいた問いかけなのです。これは非常に質の悪い言い草です。われわれだって満身創痍なのです。心も体も傷だらけなのです。それに塩をすり込むような極めて意地悪い質問です。人の心を絶望で腐らせる猛毒です。だから私は怒ったのです。結局、暇人の考えることにいちいち付き合ってはいられないと思うようになりました。[(4)]

旧約聖書の人物ヨブも、不条理と映る災厄に見舞われた。友人たちの論難の嵐に巻き込まれ、自らをもそこに埋没させられる。友人たちの議論を凌駕したエリフの弁論は、不条理の淵からヨブや東日本大震災の罹災者たちを引き上げることのできる信仰表明なのか。それが光明であるとするならば、どのような意味においてそうなのか。ヨブの不条理と思われる災厄は、20世紀においてユダヤ人が体験したホロコーストを想起させる。フランクルは、災厄による苦悩について次のように語っている。[(5)]

> ところで具体的な運命が人間にある苦悩を課す限り、人間はこの苦悩の中にも一つの課題、しかもやはり一回的な運命を見なければならないのである。人間は苦悩に対して、彼がこの苦悩に満ちた運命と共にこの世界でただ一人一回だけ立っているという意識にまで達せねばならないのである。何人も彼から苦悩を取り去ることはできないのである。何人も彼の代わりに苦悩を苦しみ抜くことはできないのである。まさにその運命に当たった彼自身がこの苦悩を担うということの中に独自な業績に対するただ一度の可能性が存在するのである。
>
> 強制収容所にいるわれわれにとってそれは決して現実離れのした思弁で

---

(4) 同49頁。

(5) V. E. フランクル『夜と霧』みすず書房、1961年、184-85頁。

はなかった。かかる考えはわれわれを救うことのできる唯一の考えであったのである！　何故ならばこの考えこそ生命が助かる何の機会もないような時に、われわれを絶望せしめない唯一の思想だったからである。素朴に考えられるような人生の意味といった問題からわれわれは遠く離れていたのであり、創造的な活動がある目的を実現するなどということは思いも及ばなかったからである。われわれにとって問題なのは死を含んだ生活の意義であり、生命の意味のみならず苦悩と死のそれとを含む全体的な生命の意義であったのである。

本章では、不条理の論拠である因果応報の原理を超克し得るものがエリフ弁論の中に見出せるかについて旧約聖書の記事に基づいて考察する。

２　不条理と因果応報の相関

祝福は、神と人間との約束事である。父祖アブラム（後にアブラハムと改名）に与えられた以下の約束の言葉

主はアブラムに言われた。「あなたは生まれ故郷　父の家を離れて　わたしが示す地に行きなさい。わたしはあなたを大いなる国民にし　あなたを祝福し、あなたの名を高める　祝福の源となるように。あなたを祝福する人をわたしは祝福し　あなたを呪う者をわたしは呪う。地上の氏族はすべて　あなたによって祝福に入る」。　（創 12：1-3）

は、その具体的内容として、子孫が増えること「主は彼を外に連れ出して言われた。『天を仰いで、星を数えることができるなら、数えてみるがよい』。そして言われた。『あなたの子孫はこのようになる[(6)]』」と土地を占有すること「主は言われた。『わたしはあなたをカルデアのウルから導き出した主である。わたしはあなたにこの土地を与え、それを継がせる[(7)]』」を含意している。

(6) 創 15：5
(7) 創 15：7

約束は、やがて契約の形式をとる。契約は土地の譲与「その日、主はアブラムと契約を結んで言われた。『あなたの子孫にこの土地を与える。エジプトの川から大河ユーフラテスに至るまで[(8)]』」や割礼のしるし「……守るべき契約はこれである。すなわち、あなたたちの男子はすべて、割礼を受ける[(9)]」に具象化される。

だが、アブラハムは神からの約束の最初の受領者ではない。父祖以前、たとえば、蛇に対する呪いの中の「女の子孫」、「『……お前と女、お前の子孫と女の子孫の間に　わたしは敵意を置く。彼はお前の頭を砕き　お前は彼のかかとを砕く[(10)]』」やノアへの祝福、「神はノアと彼の息子たちを祝福して言われた。『産めよ、増えよ、地に満ちよ。地のすべての獣と空のすべての鳥は、地を這うすべてのものと海のすべての魚と共に、あなたたちの前に恐れおののき、あなたたちの手にゆだねられる[(11)]』」との言葉の中に子孫が増える約束のプロレゴメナを見出すことができる[(12)]。

約束は、アブラハムからイサク、ヤコブへ継承され、ダビデ契約や新約へ至る永遠性を有するものでもあった[(13)]。信仰者が祝福されるということは、ユダヤ人にとって父祖伝来の自明とでも言うべき伝統的神学だった。それは、ヨブ記の前提的神学でもあった。

さて、主人公のヨブは、「ウツの地にヨブという人がいた。無垢な正しい

---

(8) 創 15：18、Thomas E. McComiskey, *The Covenants of Promise: A Theology of the Old Testament Covenants* (Grand Rapids, Michigan: Baker Book House, 1985), 61. 約束と契約の関係は、武士の誠を想起させる。「『武士の一言』すなわちサムライの言葉、……それはその言葉が真実であることを保証した。……武士の約束は通常、証文なしに決められ実行された。むしろ証文を書くことは武士の面子が汚されることであった」。新渡戸稲造『武士道』PHP 文庫、75 頁。証文を書いて約束を成立させるのではなく、約束を口にした段階でその成就が保証されたのである。契約（covenant）に先立って約束（promise）が神から人に与えられたのである。

(9) 創 17：10

(10) 創 3：15、子孫（זֶרַע）

(11) 創 9：1-2

(12) Walter C. Kaiser, Jr., *Toward an Old Testament Theology* (Grand Rapids, Michigan: Zondervan, 1978), 55-59.

(13) McComiskey, *The Covenants of Promise*, 51-58.

人[14]で、神を恐れ、悪[15]を避けて生きていた[16]」と紹介されている。財産である家畜が羊7000匹、らくだ3000頭、牛5000くびき、雌ろば500頭を有する東国一番の大富豪で、しかも、息子が7人と娘が3人いた。家畜を飼うことのできる広い土地と子孫に恵まれている。すなわち、ヨブは神が認める正しい信仰生活を実践し、神からの祝福を豊かに受けていたのである。実に、ヨブは伝統的神学に適うロールモデル的信仰者だった。その彼が、突然、財産と子孫のすべてを失う災厄に遭い、さらに、「サタンはヨブに手を下し、頭のてっぺんから足の裏までひどい皮膚病にかからせた[17]」と描写されているように、一見してその悲惨さが理解されるほどの酷い皮膚病[18]に罹患する。彼の状態は、

> ヨブと親しいテマン人エリファズ、シュア人ビルダド、ナアマ人ツォファルの三人は、ヨブにふりかかった災難の一部始終を聞くと、見舞い慰めようと相談して、それぞれの国からやって来た。遠くからヨブを見ると、それと見分けられないほどの姿になっていたので、嘆きの声をあげ、衣を裂き、天に向かって塵を振りまき、頭にかぶった。彼らは七日七晩、ヨブと共に地面に座っていたが、その激しい苦痛を見ると、話しかけることもできなかった。　(2：11–13)

との記述のとおり、見舞いの友人たちを絶句させ、「どこまでも無垢でいるのですか。神を呪って、死ぬ方がましでしょう[19]」とヨブの妻を愚痴らせた。

---

(14)　無垢な正しい人（הָאִישׁ הַהוּא תָּם וְיָשָׁר）
(15)　悪（רָע）
(16)　ヨブ1：1
(17)　ヨブ2：7
(18)　皮膚病（ヨブ2：7 שְׁחִין）。“The word שחין is used in most Semitic languages and denotes ‘heat, fever, inflamation.’ In Lev. 13:18ff. we are informed that leprosy begins with שחין”. Walter L. Michel, “The Ugaritic Texts and the Mythological Expressions in the Book of Job,” (Ph.D. dissertation, University of Wisconsin, 1970), 249.
(19)　ヨブ2：9

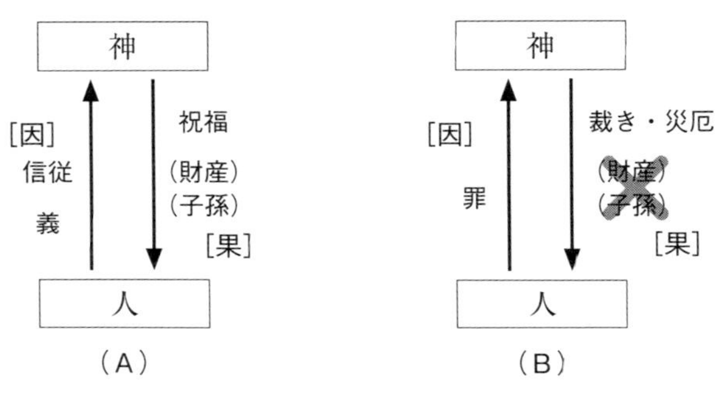

図1　因果応報の原理

愚痴は三毒の1つである。しかし、並木は、妻の言葉「神を呪え[20]」を「呪う」ではなく「祝福する[21]」と解し、愚かな悪女の言葉ではなく、両義性を用いたアイロニー表現である可能性を指摘している[22]。問題は因果応報という伝統的価値観である。すなわち、図1（A）に示すごとく、神を恐れて正しく生きる人は神から祝福（財産・子孫）され、他方、図1（B）に示すごとく、罪を為す悪人は裁きを受けるとの原理である。

これは、旧約聖書において散見される信仰の価値観でもある。問題は、（B）の災厄に見舞われた場合である。祝福の実体を奪い去ってしまう災厄は、罪に起因する現象で神からの裁きの結果であり、（A）の関係に戻るために（B）の原因である罪を悔い改めなければならないと考えてしまう現象である。逆必ずしも真ならずなのだが、友人たちは機械的に考える。ヨブ自身も同様に因果応報の原理に囚われている[23]。因果応報の視点からヨブ記を読むならば、ヨブの苦悩の原因、友人たちの議論の論拠、対話のすれ違いなどの様相が俯瞰され得ると考える。以下、最初に友人たちの議論の論点を概観する。

---

(20)　בָּרֵךְ אֱלֹהִים
(21)　ברך
(22)　並木浩一「旧約聖書における女性」『批評としての旧約学』日本キリスト教団出版局、2013年、210頁。
(23)　「ヨブは初めから応報原理を越えていた」との指摘もある。並木浩一『「ヨブ記」論集成』教文館、2003年、155頁。

（1）ヨブの友人エリファズ

不幸のどん底に突き落とされたヨブは、因果応報の神学に囚われていた。図1（B）である。これ程に酷い災厄が神から下されたのだから、その原因となる罪は相当なものであるはずと考えられた。自分の子供が心の中で神を呪ったかも知れないと思い、神へいけにえをささげる程に信仰深いヨブである[(24)]。しかし、問題は、ヨブに悔い改めるべき罪の心当たりがないことだった。換言するならば、原因のない災厄に直面したのである。不条理体験に対するヨブの答えは、自分が存在しないほうがよい、生まれてこない方がよかったとの独白だった[(25)]。

ヨブの嘆きを聞いた友人の1人エリファズは、「あえてひとこと言ってみよう。あなたを疲れさせるだろうが。誰がものを言わずにいられようか[(26)]」と始める。恐らく、彼は3人の中の最年長の者で口火を切るに相応しく、信仰に強い確信を有していた人物と推察される[(27)]。彼の主張は、「考えてみなさい。罪のない人が滅ぼされ、正しい人が絶たれたことがあるかどうか[(28)]」のように応報原理の擁護だった。災厄という結果を見るならば、ヨブに罪という原因があるのは明白であり、神に抗弁するヨブの態度をみて「神に向かって憤りを返し、そんな言葉を口に出すとは何事か[(29)]」と非難する。3回目の議論に至り、エリファズはヨブの罪を具体的に推定し「あなたは甚だしく悪を行い、限りもなく不正を行ったのではないか[(30)]」と断じ、「神に従い、神と和解しなさい。そうすれば、あなたは幸せになるだろう[(31)]」と神に恭順を示すように諭し、その結果として与えられる祝福までも「もし、全能者のもとに立ち帰り、あなたの天幕から不正を遠ざけるなら、あなたは元どおりにして

(24)　ヨブ1：5
(25)　ヨブ3：1-26
(26)　ヨブ4：2
(27)　ヨブ4：12-17。ロバート・ゴルディス『神と人間の書――ヨブ記の研究（上）』教文館、1977年、194頁。
(28)　ヨブ4：7
(29)　ヨブ15：13
(30)　ヨブ22：5
(31)　ヨブ22：21

いただける[32]」と語る。

（2）ヨブの友人ビルダト

エリファズの単なる追従論者のように、ビルダトは「あなたが神を捜し求め　全能者に憐れみを乞うなら　また、あなたが潔白な正しい人であるなら、神は必ずあなたを顧み　あなたの権利を認めて　あなたの家を元どおりにしてくださる[33]」と伝統的応報原理の論理を短絡的に繰り返す。回を重ねるごとにビルダトの論調は、「いつまで言葉の罠の掛け合いをしているのか。まず理解せよ、それから話し合おうではないか[34]」と感情的になり、「人間は蛆虫　人の子は虫けらにすぎない[35]」と表現をエスカレートさせている。

ビルダトらの応報原理に基づく議論に対し、ヨブは、「断じて、あなたたちを正しいとはしない。死に至るまで、わたしは潔白を主張する。わたしは自らの正しさに固執して譲らない。一日たりとも心に恥じるところはない[36]」と反論する。因果応報の原理に合わない出来事の只中にいるヨブの主張には、体験的確信という頑強な論拠があった。

（3）ヨブの友人ツォファル

3人目の論者ツォファルは、「これだけまくし立てられては答えないわけにいくまい。口がうまければそれで正しいと認められるだろうか[37]」「神があなたに対して唇を開き、何と言われるか聞きたいものだ[38]」と未熟な感情的反論に終始する。2回目の議論では、「さまざまな思いがわたしを興奮させるので　わたしは反論せざるをえない[39]」「あなたも知っているだろうが　昔、人が地上に置かれたときから　神に逆らう者の喜びは、はかなく　神を無視

(32) ヨブ22：23
(33) ヨブ8：5-6
(34) ヨブ18：2
(35) ヨブ25：6
(36) ヨブ27：5-6
(37) ヨブ11：2
(38) ヨブ11：5
(39) ヨブ20：2

する者の楽しみは、つかの間にすぎない[40]」と独断的な論調で因果応報の原理を振りかざす。

ヨブは「空しい言葉でどのようにわたしを慰めるつもりか。あなたたちの反論は欺きにすぎない[41]」と拒絶するばかりである。３回目の議論において、ツォファルはもはや語る言葉を失い、ただ沈黙する。その沈黙に応じるかのように、ヨブは言葉を継いで論じ[42]、語り尽くしてしまうのである[43]。ここに至り友人たちは議論を放棄する[44]。その時、唐突にエリフが口を挟むのである。

> ここで、この三人はヨブに答えるのをやめた。ヨブが自分は正しいと確信していたからである。さて、エリフは怒った。この人はブズ出身でラム族のバラクエルの子である。ヨブが神よりも自分の方が正しいと主張するので、彼は怒った。また、ヨブの三人の友人が、ヨブに罪のあることを示す適切な反論を見いだせなかったので、彼らに対しても怒った。彼らが皆、年長だったので、エリフはヨブに話しかけるのを控えていたが、この三人の口から何の反論も出ないのを見たので怒ったのである。
>
> （ヨブ 32：1-5）

友人たちの議論は、確かに、応報原理に基づく伝統的神学の主張だった。他方、ヨブは、罪のないところに裁きの災厄が神から下されたと主張し、応報原理の適用できない当惑すべき特殊事情を嘆き訴えたのである。ヨブ自身は不条理を主張したのであるが、しかし、不条理もまた、応報原理を前提としていたのである。すなわち、応報原理が正しく機能していないとの訴えが不条理の訴えなのである。友人たち、そしてヨブ自身も応報原理に立脚しての議論を展開していたのである。災厄という結果の原因がヨブの罪かそ

---

(40)　ヨブ 20：4-5
(41)　ヨブ 21：34
(42)　ヨブ 27-31 章
(43)　ヨブ 31：40
(44)　ヨブ 32：1

れとも神の戯れかという水掛け論的議論に終始したのである。弁神論や神義論は、因果応報の原理を越えるヨブの出来事の場合には、噛み合うことがなかったのである。[45] それゆえ、エリフの弁論に不条理を超克し得る論拠を見出せるか否かは、正典におけるヨブ記の存在の価値を決定するほどに重要な課題であると言っても過言ではないのである。[46]

3　解釈史におけるエリフ弁論の位置

エリフは、以下のように語り、突然の登場をしている。

> わたしは若く　あなたたちは年をとっておられる。だからわたしは遠慮し　わたしの意見をあえて言わなかった。日数がものを言い　年数が知恵を授けると思っていた。しかし、人の中には霊があり　悟りを与えるのは全能者の息吹なのだ。日を重ねれば賢くなるというのではなく　老人になればふさわしい分別ができるのでもない。それゆえ、わたしの言うことも聞いてほしい。わたしの意見を述べてみたいと思う。
>
> （ヨブ 32：6-10）

グレゴリウス１世（在位 590-604 年）は、このようなエリフの語り口を次のように否定的に評価している。

---

(45)　並木『「ヨブ記」論集成』116-17 頁。

(46)　ヨブは自らが経験した災厄をめぐって不条理を論じているが、他方、コヘレトは人間の日常を客観的に観察し、人は神の美しい配剤や人に与えられた永遠を思う能力にもかかわらず神の御業と時の変化の意味を理解できないことを論じている。コヘレトは、その解決をヨブ記のように主による非日常的介入に委ねず、この世の日常的営みにおいて見出そうとする。コヘレトが神顕現のないヨブ記と評される所以でもある。佐々木哲夫「伝道の書第３章 1-15 節における伝道者の信仰」『尚絅女学院短期大学研究報告』35 集、1988 年、13-22 頁。若くしての死や後継者を欠いた悲惨な死は不条理であるとし、そのようなこの世の不条理を克服すべく、復活や死後の裁きという応報原理を満たす信仰が神を弁証するなかで出現したと考える論考がある。しかし、コヘレトは、死を因果応報の伝統的神学の中に収めず、すべての人に到来する自然の結末であるという現実的視点を堅持して議論を展開している。佐々木哲夫「伝道の書第９章における死と知恵」『途上』20 号、1991 年、41-56 頁。

エリフは、正しい発言を誤った仕方で発言したゆえに非難される。なぜなら、彼は、全く正しい発言を傲慢と共に吐き出すからである。従って、彼は、傲慢な人物の代表なのである。なぜなら、真実を語るようにしながら、彼はうぬぼれの言葉を湧き上げるからである。(47)

しかし、中世のユダヤ教の伝承は、エリフを積極的に評価する。たとえば、サディア（10世紀）の『ヨブ記注解』やイブン・エズラの『注解』(48)は、神の義とヨブの災厄との関連に関する疑問にエリフ弁論が解答を与えているとする。(49)

エリフに対するこのような両極端の評価は、宗教改革者にも見られる。たとえば、ルターはエリフをツウィングリにたとえ、「無益なおしゃべり」と酷評する。(50)他方、カルヴァンは、ヨブ記の連続講解説教においてエリフを「しかしながら、エリフという人物の事例の中に、神が影の只中に良い種を残すこと、また、良き聖なる教理が存在していたことを私たちは知るのである(51)」と肯定的に評価する。

対照的な評価は、近代の旧約聖書研究にも観察される。旧約聖書成立の前史に幾つかの資料の存在を想定する批評学研究は、エリフ登場の場面に至るまでエリフへの言及が見られないことや、エリフ弁論以後においても特段の言及がないというヨブ記全体の構造に注目し、エリフ弁論の記述に異なる由

(47)　“Elifu is reproved for right sayings in a wrong way: because in the very truths which he utters he is puffed up with arrogance. And he represents thereby the character of arrogant, because through a sense of what is right he rises up into words of pride.” Gregory the Great, *The Moralia on the Book of Job* [Online, http://www.lectionarycentral.com/GregoryMoralia/Book23.html], vol. 3, 23: 4/28. Ragnar Andersen, “The Elifu Speeches,” *Tyndale Bulletin* 66/1(2015): 76.

(48)　1140年

(49)　Andersen, “The Elifu Speeches,” 76.　並木『「ヨブ記」論集成』281-82頁。

(50)　Tischreden 142. *Martin Luther Werk: Tischreden*（Weimar: H. Böhlaus Nachfolger, 1912）, 68 [line 19-20].

(51)　*Sermons from Job by John Calvin*（Grand Rapids: Eerdmans, 1952）, 217: Sermon 15（ヨブ32：1-3）“However we see in this example of the person of Elifu that God has yet left some good seed in the midst of shadows, and that there was some good and holy doctrine.”

来を想定し、エリフの弁論部分は追記であると判断し、消極的扱いをする。たとえば、関根は「エリフの弁論は元来ヨブ詩人とは関係のない後の人の挿入であるとわたしは解する。この六つの章は三一章の終わりと三八章の始めとの密接な関連を裂いており、エリフなる人物は本論前後の部分に全然出てこない。さらに、ヨブの苦難の問題に対するエリフの解決は独自のもので、ヨブ詩人の意図したものと異なると思われる[(52)]」と記し、並木も「三二章から三七章は『エリフの弁論』ですが、最初にヨブ記をまとめたヨブ記作者の作品にはなかった部分でしょう[(53)]」とし、エリフ弁論の位置を低いものとみなしている[(54)]。

旧約聖書にそれぞれ異なる歴史背景を再構成する批評的解釈には、聖書の正典としての文脈理解に困難を生じさせるとの指摘がある[(55)]。他方、ヨブ記全体の整合性を勘案する伝統的聖書理解や共時的聖書釈義は、エリフ弁論を、形式[(56)]においても内容[(57)]においても無視できないものとする。たとえば、ゴルディスは、エリフ弁論の内容と構成について紙幅を割いて考察し「要するに、エリフの弁論は補助的ではあるが重大な思想をもって神の弁論の主要

---

(52) 関根正雄『ヨブ記註解』教文館、1970 年、3 頁。

(53) 並木『「ヨブ記」論集成』143 頁。

(54) 並木は、中世盛期にエリフの価値が著しく「上昇した」と指摘している。同 281 頁。

(55) “I have argued that the price of recovering the historical context of sacred books has been the erosion of the largest literary contexts that undergird the traditions that claim to be based upon them.” Jon D. Levenson, *The Hebrew Bible, the Old Testament, and Historical Criticism* (Louisville, Kentucky: John Knox Press, 1993), 4. 津村は、創世記 1 章から 11 章の講義についての前提的方法論に言及する中で資料説を前提にしていないことを挙げている。津村俊夫「創造と洪水」『聖書セミナー No. 13 創造と洪水』日本聖書協会、2006 年、6–7 頁。批評的に聖書解釈を行う場合、本文批評、歴史批評、文法批評、文学批評、様式批評、伝承批評、編集批評など釈義を個別に行い、最終段階として、散在するそれぞれの釈義結果を統合することを目標とする。しかし、統合作業が難しい段階である。John H. Hayes and Carl R. Holladay, *Biblical Exegesis: A Beginner's Handbook* (Atlanta: John Knox Press, 1982), 112.

(56) form

(57) contents

テーマを補っている」とまとめている。[58]

批評研究に立脚しながらも正典批評の視点からヨブ記を論ずるチャイルズの評価にも注目しておきたい。彼は、エリフ弁論について「エリフの話は、読者の聴取を神の話へと形成する機能を説教学的に果たしている。彼は神学的指向をヨブの疑問から神の全能へと移行させ、よって、苦悩、創造、知恵の性質自体に関する本質的な見解を提示している[59]」と述べ、「解釈学的[60]」と限定しつつも積極的な評価を与えている。[61] なお、近年においてもエリフ弁論を巡る様々な議論が、これまでのエリフ理解を意識しつつ毎年のごとく発表されている。[62]

4　エリフ弁論の構造

「さてヨブよ、わたしの言葉を聞き　わたしの言うことによく耳を傾けよ[63]」で始まるエリフ弁論の構造を、特徴的表現、たとえば、くりかえし[64]、

---

(58)　ゴルディス『神と人間の書（上)』251-71頁。

(59)　“The Elihu speeches function hermeneutically to shape the reader's hearing of the divine speeches. They shift the theological attention from Job's questions of justice to divine omnipotence and thus offer a substantive perspective on suffering, creation, and the nature of wisdom itself.”

(60)　hermeneutically

(61)　Brevard S. Childs, *Introduction to the Old Testament as Scripture* (Philadelphia: Fortress Press, 1982), 541.

(62)　Ragnar Andersen, “The Elifu Speeches,” *Tyndale Bulletin* 66/1 (2015): 75-94; Martin A. Shields, “Was Elihu Right?” *Jounal for the Evangelical Study of the Old Testament* 3/2 (2014): 155-70; Michael V. Fox, “God's Answer and Job's Response,” *Biblica* 94 (2013): 1-23; T. C. Ham, “The Gentle Voice of God in Job 38,” *Journal of Biblical Literature* 132/3 (2013): 527-41; Choon-Leong Seow, “Elifu's Revelation,” *Theology Today* 68/3 (2011): 253-71; Andrew Prideaux, “The Yahweh Speeches in the Book of Job: Sublime Irrelevance, or Right to the Point?” *Reformed Theological Review* 69/2 (2010): 75-87.

(63)　ヨブ33：1

(64)　repetition

要語[65]、畳句[66]などを区切りの指標[67]とする方法を用いて分析するならば[68]、すなわち、「エリフは更に言った」[69]「エリフは更に言葉を続けた」[70]の章句を指標としてエリフ弁論を（1）33章1-33節、（2）34章1-37節、（3）35章1-16節、（4）36章1節-37章24節の4つに区分することができる。それぞれの論旨を以下において概観する。

（1）ヨブ記33章1-33節

最初の部分において、エリフは、ヨブの罪を応報原理に基づいて指摘し、神の義を弁護する。

> あなたが話すのはわたしの耳に入り　声も言葉もわたしは聞いた。「わたしは潔白で、罪を犯していない……」。ここにあなたの過ちがある、と言おう。なぜ、あなたは神と争おうとするのか。神はそのなさることをいちいち説明されない。（ヨブ33：8-13）

エリフは、ヨブが罪を悔い改めるならば、祝福の回復があることを語る。

> わたしは罪を犯し　正しいことを曲げた。それはわたしのなすべきことではなかった（とヨブが罪を告白し悔い改めるならば）……その魂を滅亡から呼び戻し　命の光に輝かせてくださる。（ヨブ33：27、30）

上記のとおり、エリフ弁論の最初は、3人の友人たちと同じく因果応報の

(65) catchword

(66) refrain

(67) divider phrase

(68) R. E. Murphy, *Wisdom Literature: Job, Proverb, Ruth, Canticle, Ecclesiastes and Esther*, The Forms of the Old Testament Literature, no. 13 (Grand Rapids, Eerdmans, 1981), 127-31; 佐々木哲夫「士師記の構成と編集」『旧約聖書と戦争――士師の戦いは聖戦か？』教文館、2000年、120-21頁。

(69) וַיַּעַן אֱלִיהוּא וַיֹּאמַר 34：1、35：1

(70) וַיֹּסֶף אֱלִיהוּא וַיֹּאמַר 36：1

原理に基づいて議論を展開している。

（2）ヨブ記34章1-37節

弁論第2の部分でエリフは、以下のようにヨブの無罪主張を特段に非難する。

> ヨブはこう言っている。「わたしは正しい。だが神は、この主張を退けられる。わたしは正しいのに、うそつきとされ　罪もないのに、矢を射かけられて傷ついた」。ヨブのような男がいるだろうか。（ヨブ34：5-7）

> ヨブはよく分かって話しているのではない。その言葉は思慮に欠けている。悪人のような答え方をヨブはする。彼を徹底的に試すべきだ。まことに彼は過ちに加えて罪を犯し　わたしたちに疑惑の念を起こさせ神に向かってまくしたてている。（ヨブ34：35-37）

（3）ヨブ記35章1-16節

3番目でエリフは、ヨブ災厄の原因探しの議論から創造者である主に唐突に視点を転じている。

> あなたに、また傍らにいる友人たちに　わたしはひとこと言いたい。天を仰ぎ、よく見よ。頭上高く行く雲を眺めよ。あなたが過ちを犯したとしても神にとってどれほどのことだろうか。繰り返し背いたとしても神にとってそれが何であろう。（ヨブ35：4-6）

> しかし、だれも言わない「どこにいますのか、わたしの造り主なる神　夜、歌を与える方　地の獣によって教え　空の鳥によって知恵を授ける方は」と。だから、叫んでも答えてくださらないのだ。悪者が高慢にふるまうからだ。神は偽りを聞かれず　全能者はそれを顧みられない。（ヨブ35：10-13）

（4）ヨブ記36章1節-37章24節

4番目の部分でエリフは「待て、もう少しわたしに話させてくれ。神について言うべきことがまだある[71]」と語り続け、祝福[72]と裁き[73]に言及し、応報原理に従って生きることの肝要さを説く[74]が、その論旨は、一転、応報原理の起動因である万物の創造者の偉大さへの賛美となる[75]。賛美における鍵語[76]は、以下の雲、稲妻、雷鳴である。

〈雲〉

雲[77]は雨を含んで重くなり、密雲[78]は稲妻[79]を放つ　（ヨブ37：11）

あなたは知っているか、どのように神が指図して密雲[80]の中から稲妻[81]を輝かせるかを　（ヨブ37：15）

あなたは知っているか、完全な知識を持つ方が垂れこめる雨雲[82]によって驚くべき御業を果たされることを　（ヨブ37：16）

〈稲妻〉

神はその上に光[83]を放ち、海の根を覆われる　（ヨブ36：30）

神は御手に稲妻の光[84]をまとい、的を定め、それに指令し　（ヨブ36：32）

---

(71)　ヨブ36：2
(72)　ヨブ36：11、16
(73)　ヨブ36：12-14
(74)　ヨブ36：17-21
(75)　ヨブ36：22-37：24
(76)　keywords
(77)　עָב
(78)　עֲנָן
(79)　אוֹרוֹ
(80)　עֲנָן
(81)　אוֹר
(82)　עָב
(83)　אוֹר
(84)　אוֹר

閃光[85]は天の四方に放たれ、稲妻[86]は地の果てに及ぶ　（ヨブ 37：3）

〈雷鳴〉

どのように雨雲[87]が広がり、神の仮庵が雷鳴をとどろかせる[88]かを悟りうる者があろうか　（ヨブ 36：29）

聞け、神の御声のとどろき[89]を、その口から出る響き[90]を　（ヨブ 37：2）

神は驚くべき御声[91]をとどろかせ、わたしたちの知りえない、大きな業を成し遂げられる。　（ヨブ 37：5）

雲、稲妻、雷鳴は、シナイにおける神顕現の表象である。神顕現は、神に従う者には救い、不信仰な者には裁きが下る恐るべき時の到来だった。それは、モーセの角笛によって告知され、その音を聞くと民たちは皆震えた[92]。

三日目の朝になると、雷鳴[93]と稲妻[94]と厚い雲[95]が山に臨み、角笛の音が鋭く鳴り響いたので、宿営にいた民は皆、震えた。　（出 19：16）

角笛の音がますます鋭く鳴り響いたとき、モーセが語りかけると、神は雷鳴をもって[96]答えられた。　（出 19：19）

雲、稲妻、雷鳴と角笛の音は、イスラエルの民だけでなく、モーセの姑エ

---

(85)　יַשְׁרֵהוּ
(86)　אוֹר
(87)　עָב
(88)　תְּשֻׁאָה
(89)　רֹגֶז קֹלוֹ
(90)　הֶגֶה
(91)　קֹלוֹ
(92)　佐々木哲夫「ギデオンの戦いにおける角笛（שֹׁפָר）（士師記 7 章）」『東北学院大学宗教音楽研究所紀要』創刊号、1997 年、5-6 頁。
(93)　קֹלֹת
(94)　בְּרָקִים
(95)　עָנָן כָּבֵד
(96)　בְּקוֹל

トロが祭司を務めたミディアン人においても恐るべき神顕現を告知する表象であると理解されていた。後に、ギデオンは、水瓶を割る音、松明の灯り、角笛の音、鬨の声「主のために、ギデオンのために剣を」による夜襲でミディアンの大軍に壊滅的大混乱を起こして勝利したが、それは、松明の灯り（稲妻）と水瓶を割る音（雷鳴）と角笛の音によって、神の軍勢が到来したとミディアン軍に誤認させた結果だった[97]。エリフは、よく知られている神顕現の表象である雲や稲妻や雷鳴を用いて神の権威を論じ、「全能者を見いだすことはわたしたちにはできない。神は優れた力をもって治めておられる。憐れみ深い人を苦しめることはなさらない。それゆえ、人は神を畏れ敬う。人の知恵はすべて顧みるに値しない[98]」と要約したのである。

5　神の言葉

（1）「これは何者か」の意味

ところで、エリフ弁論が雲、稲妻、雷鳴などの表象を用いて創造者なる神の権威への言及に及んだところで、主は嵐の中から突然ヨブに答えて「これは何者か。知識もないのに、言葉を重ねて　神の経綸を暗くするとは[99]」と語り始める〔表1参照〕。

問題は、「これは何者か[100]」の指示代名詞「これ[101]」が誰を指し示しているかである。エリフ弁論を本文に元々存在しなかった部分として削除するならばヨブを指示することになるが、現存のマソラ本文を保持するならば直近の文脈のエリフを指示していると解される。ヨブは、応答において、確かに「『これは何者か。知識もないのに　神の経綸を隠そうとするとは[102]』。そのとおりです。わたしには理解できず、わたしの知識を超えた　驚くべき御業をあげつらっておりました[103]」と謝罪しており、自身が指示対象であることを

(97)　佐々木『旧約聖書と戦争』51-52頁。
(98)　ヨブ37：23-24
(99)　מִי זֶה | מַחְשִׁיךְ עֵצָה בְמִלִּין בְּלִי־דָֽעַת 38：1-2
(100)　מִי זֶה
(101)　זֶה
(102)　38：1-2 מִי זֶה | מַעְלִים עֵצָה בְּלִי דָעַת
(103)　42：3

序文（1：1-2：13）
独白――ヨブの嘆き（3：1-26）

第１回　友人との議論（4：1-14：22）
　エリファズとヨブ
　ビルダドとヨブ
　ツォファルとヨブ
第２回　友人との議論（15：1-21：34）
　エリファズとヨブ
　ビルダドとヨブ
　ツォファルとヨブ
第３回　友人との議論（22：1-27：23）
　エリファズとヨブ
　ビルダドとヨブ
知恵の賛美、ヨブの嘆き（28：1-31：40）

エリフの登場（32：1-22）
エリフの弁論（１）（33：1-33）［応報原理による主張］
エリフの弁論（２）（34：1-37）［ヨブの無罪を否定］
エリフの弁論（３）（35：1-16）［創造者に視点を移す］
エリフの弁論（４）（36：1-37：24）［創造者の権威を賛美］

神の言葉（１）　（38：1-40：2）「これは何者か」
ヨブの応答（１）（40：3-5）
神の言葉（２）　（40：6-41：26）
ヨブの応答（２）（42：1-6）
神の言葉（３）　（42：7-9）
ヨブへの祝福　　（42：10-17）

表１　ヨブ記の梗概

告白している。他方、38 章 2 節の指示代名詞「これ」[104]がエリフを指示しているとするならば、エリフ弁論そのものが「知識もないのに、言葉を重ねて神の経綸を暗くするとは」という神の言葉によって拒否されることになる。指示代名詞「これ」をどのように解するかがエリフ弁論の評価を左右することになる。

邦語の「これ」を解釈するのではなく、マソラ本文の זֶה [zeh]（「これ」）に注目するならば、ジュオン＝村岡の用例解説が参照される[105]。すなわち、38 章 2 節を直訳するならば、「いったい誰だ、知識もなく言葉で経綸を暗くしている者は」となる。これは、必ずしもエリフを名指し、彼の弁論を否定している表現ではなく、42 章 3 節のヨブの告白を参照するならば、ヨブを指し示している表現であると解し得るのである。

本節では、エリフ弁論と神の言葉との相関において吟味することによってさらにエリフの弁論の意義についての論考を進める。すなわち、エリフ弁論の内容が神の言葉と整合するか矛盾するかの吟味によって、エリフ弁論の論旨を炙り出し、エリフ弁論の妥当性を明らかにしようとする。そのために、まず、神の言葉[106]を概観する。

（2）神の言葉の構造

構造分析を行うために区切りの指標として「主はヨブに答えて仰せになった」[107]、「ヨブは主に答えて言った」[108]の表現に注目する。すなわち、神の言葉[109]とヨブの応答[110]を表 1 の枠内のように区分することができる。

---

(104) זֶה

(105) זֶה はしばしば、意味における如何なる重要な変化なしに疑問詞に付加される。たとえば、ヨブ記 38 章 2 節 מִי זֶה「いったい誰だ」。"זֶה is often added to an interrogative word without any notable change in meaning: Job 38.2 מִי זֶה who ever?" Paul Joüon, S. J. and T. Muraoka, *A Grammar of Biblical Hebrew: Part Three: Syntax* (Roma: Editrice Pontificio Instituto Biblico, 1993), 532 [143g].

(106) 38：1-40：2、40：6-41：26

(107) וַיַּעַן־יְהוָה אֶת־אִיּוֹב וַיֹּאמַר (38：1、40：1、40：6)

(108) וַיַּעַן אִיּוֹב אֶת־יְהוָה וַיֹּאמַר (40：3、42：1)

(109) 38：1-40：2、40：6-41：26

(110) 40：3-5、42：1-6

章節	創造の対象	問いの内容
38：4	地の基を据えた	何処にいたか。知っているか
38：5	地の基の広がり	誰が定めたか知っているか
38：6-7	台座、隅の親石	誰が据えたか
38：8-11	海の創造	
38：12	朝、暁	命令し指示したか
38：13-15	地の果て、大地の変容	
38：16	海の源、深淵の底	行ったことがあるか
38：17	死の門	見たことがあるか
38：18	大地の広がり	知っているか
38：19-21	光の場所、闇の場所	何処か、知っているはずだ
38：22-23	雪の倉、霧の倉	入ったか、見たか
38：24	光の道、東風の道	何処か
38：25	豪雨の水路、稲妻の道	誰が引いたか
38：26-28	雨、露の滴	誰が生んだのか
38：29-30	氷、霜	誰が生んだのか
38：31	すばる、オリオン	引き締め緩めることができるか
38：32	銀河、大熊子熊	導き出せるか
38：33	天の法則	知っているか、できるか
38：34	雨雲、洪水	おまえを包むか
38：35	稲妻	送り出せるか
38：36	知恵、悟り	誰が置いたか
38：37-38	雲、天の瓶	誰が数え、傾けるか
38：39-40	獅子の獲物、子獅子の食欲	捕り、満たせるか
38：41	烏の餌	誰が与えるか
39：1-4	野山羊	子を産み、育つことを知っているか
39：5-8	野ろば	誰が解き放ったか
39：9-12	野牛	仕事をするか
39：13-18	駝鳥	分別なく動く
39：19-25	馬	跳ねさせられるか
39：26-30	鷹、鷲	あなたが分別を与えたのか

表2　神による創造の業（1）

章節	創造の対象	問いの内容
40：7-14	ヨブ自身	おまえは神なのか
40：15-24	べヘモット〔河馬〕	捕らえられるか
40：25-41：26	レビヤタン*〔鰐〕	捕らえ屈服させられるか

表3　神による創造の業（2）　（邦訳は適宜選択し、私訳を掲載した）

* レビヤタンは、古い神話に登場する怪獣の名前である。古代の文学の断片的用語が旧約聖書において借用残存されていても、旧約聖書においてもなお神話的怪獣であることを証明するものではない。F. I. アンダースン『ヨブ記』ティンデル聖書注解、いのちのことば社、2014 年［原著 1976 年］、478 頁。

主の言葉は、「わたしはお前に尋ねる、わたしに答えてみよ」[111]や「知っているなら……」[112]の章句、また、疑問辞（הֲ־）[113]による表記が示すように、天地万物創造の業に主がどれほど深く関与しているかを厳しく問うものである。その内容を表3に列記する。

〈神の言葉（1）〉（ヨブ38：1-40：2）

「神の言葉（1）」は表2に示すように宇宙から地の動物にいたる神の創造の業の描写に集中し、その後、ヨブに対し「全能者と言い争う者よ、神を責めたてる者よ、答えるがよい」[114]と問う。

神の問いに対するヨブの答えは「どうしてあなたに反論などできましょう。わたしはこの口に手を置きます。…………もう主張いたしません。もう繰り返しません」[115]だった。しかし、神はヨブに「お前に尋ねる。わたしに答えてみよ」と再度語り始める。

〈神の言葉（2）〉（ヨブ40：6-41：26）

再び語られた神の言葉の内容を表3にまとめる。神による被造物すら制御できない有限な者が全能なる創造者と言い争うことは無謀であると悟ったヨブは、「あなたは全能であり御旨の成就を妨げることはできないと悟りました」[116]と応答し、「『これは何者か。知識もないのに神の経綸を隠そうとするとは』。そのとおりです。わたしには理解できず、わたしの知識を超えた驚くべき御業をあげつらっておりました」[117]と悔い改めるのである。[118]

---

(111) אֶשְׁאָלְךָ וְהוֹדִיעֵנִי（ヨブ38：3、40：7）
(112) יָדַעְתָּ（ヨブ38：4、5、12、18、21、33、39：1、2）、תֵדָע（38：5）
(113) Interrogative הֲ־（ヨブ38：12、16、17、22、28、31、32、33、34、35、39、39：1、9、10、11、12、19、20、26、40：2、8、26、27、28、29、31、41：1）
(114) ヨブ40：2
(115) ヨブ40：4-5
(116) ヨブ42：2
(117) ヨブ42：3
(118) ヨブ42：6

6　エリフ弁論の要点

（1）エリフ弁論と神の言葉の比較

神の言葉「これは何者か。知識もないのに、言葉を重ねて　神の経綸を暗くするとは」は、必ずしもエリフ弁論を否定するものではなく、それに続く神の言葉もエリフ弁論を否定する内容ではないことを前述した。むしろ、「神の言葉（1）（2）」は「エリフ弁論（4）」の［創造者の権威を賛美］（表1参照）において開陳された内容を受け、それをさらに詳述、展開している観すらある。神の言葉の中にエリフ弁論を明示的に肯定する表現も否定する表現も見出せないので、神がエリフ弁論を容認したか拒否したかを判断することができない[119]。そこで、エリフ弁論と神の言葉の内容的比較をすることによって間接的に推論したいと考える。本節では、神顕現の表象である雲、稲妻、雷鳴に関するエリフの弁論を抽出し、対応する神の言葉と比較する（表4参照）。

エリフ弁論と神の言葉の内容の比較により、以下に列挙する特徴が浮き彫りにされる。

1．エリフはヨブに「知っているか」と問うが、神はエリフに「行えるか」を問う。すなわち、創造の主体か客体かが問われている。
2．創造者は、創造を行うにとどまらず、被造物を統治し得る権能を有している。
3．創造者の創造と統治は、混乱ではなく調和である。
4．創造者の創造と統治は、創造者の主権的行為である。

（2）エリフ弁論の要点

ヨブと友人たちの対話の主題は、神と人との関係における因果応報の原理

---

(119)「怒って猛威を振るい　すべて驕り高ぶる者を見れば、これを低くし　すべて驕り高ぶる者を見れば、これを挫き　神に逆らう者を打ち倒し」（ヨブ 40：11–12）の「高ぶる者」（כָּל־גֵּאֶה）や「神に逆らう者〔悪者ども〕」（רְשָׁעִים）にエリフが含まれてるかは、本文においては明示的ではない。“Yahweh's second speech opens with a challenge for Job to demonstrate that he has the power to govern the earth with an arm as glorious and mighty as El's (40：7–14).” Norman C. Habel, *The Book of Job*, Old Testament library (London: SCM Press, 1985), 558.

主題	エリフ弁論	神の言葉
雲	あなたは知っているか。完全な知識を持つ方が垂れこめる雨雲（עָב）によって驚くべき御業を果たされることを。(37：16)	お前が雨雲（עָב）に向かって声をあげ、洪水がお前をおおわせることができるか。(38：34)
稲妻	あなたは知っているか。どのように神が指図して密雲（עָנָן）の中から稲妻（אוֹר）を輝かせるかを。(37：15)	お前は、稲妻（בְּרָק）を急送し、排出し、お前に「ここにいます」と言わせられるか*。(38：35)
雷鳴	だれが、雨雲（עָב）の広がりとその仮庵の雷鳴（תְּשֻׁאוֹת）を悟りうるか。(36：29)	お前は神に劣らぬ腕をもち、神のような声（קוֹל）をもって雷鳴をとどろかせる（רעם）のか。(40：9)

表４　エリフ弁論と神の言葉の比較（邦訳は適宜選択し私訳を掲載した）
* Michel, "The Ugaritic Texts," 231 [38:35].

と不条理であった。それらを模式的に示すならば図２のとおりになる。

因果応報の原理とは、図２（A）に示されるとおり、よい原因に対してよい結果が与えられ、反対に、悪い原因に対して災厄など悪い結果が下されることであった。他方、不条理とは、図２（B）に示されるとおり、よい原因が悪い結果を生み、反対に、悪い原因がよい結果を生むように見える現象のことである。

「コヘレトの言葉」も「この地上には空しいことが起こる。善人でありながら悪人の業の報いを受ける者があり　悪人でありながら善人の業の報いを受ける者がある。これまた空しいと、わたしは言う[120]」と不条理を提起している。「罪を犯し百度も悪事をはたらいている者が　なお、長生きしている。にもかかわらず、わたしには分かっている。神を畏れる人は、畏れるからこそ幸福になり……[121]」と語り、コヘレトは悪人の長寿を不条理であるとする。長寿は、神の平和（シャローム）の賜物であると考えられていたからである[122]。

(120) コヘ８：14
(121) コヘ８：12
(122) 佐々木哲夫「伝道の書第１章３節～11節の構成と意義」『尚絅女学院短期大学研究報告』34集、1987年、18-19頁。同「平和・シャローム・聖戦（ジハード）」『東北学院大学キリスト教文化研究所紀要』第22号、2004年、134頁。

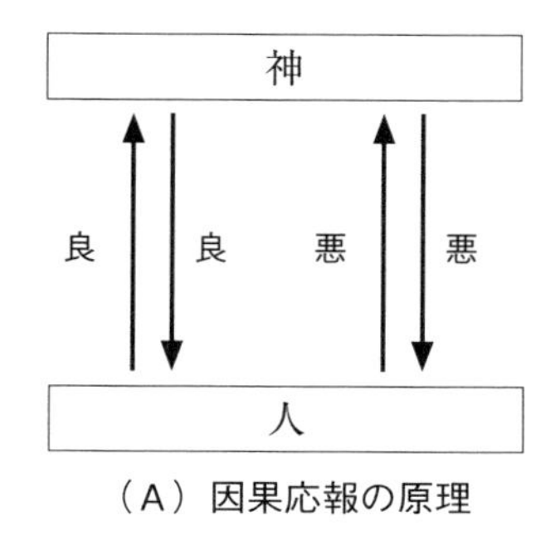

（A）因果応報の原理

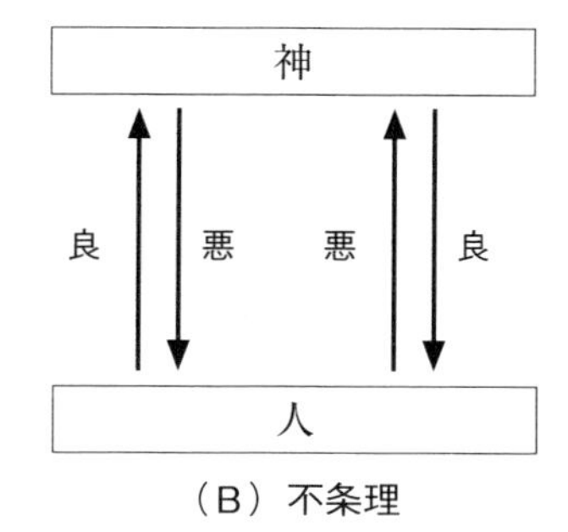

（B）不条理

図２　神と人間との関係

ヨブと友人たちの議論は、因果応報の原理に基づいていた。ヨブの問題は、被災という現象にあった。応報原理を厳格に適用した友人たちの議論は、災厄の原因は罪を犯したからであるとの推論によっていた。応報原理を同じように厳格に適用するヨブは悩んだ。原因であるはずの罪に心当たりがなかったからだ。無垢の信仰者に災厄が下されたことになると思われた。図２（B）の不条理である。応報原理が機能しない不条理の事例に対して応報原理を押し付ける友人たちの議論は、行き詰まってしまう[(123)]。

エリフ弁論は、当初、応報原理を適用する論理で議論を進めたが、やがて、その行き詰まりに気づく。そこで、エリフは応報原理から離れ、新たな視点からヨブの状況の解明を試みようとした。換言するならば、ロジカル・シンキング（論理的思考）からクリティカル・シンキング（批判的思考）に移行したのである。たとえば、讃美歌『アメイジング・グレイス』の作詞者ジョン・ニュートンは、奴隷船の船長だった時、「この仕事を神の恩寵が私に分け与えてくださった職業と考え、良心の面から心掛けていたことと言えば、奴隷が私の管理下にある間は、彼らを、私自身の安全の配慮が許す限り、可能な限り、人間的に扱うことでした」と述べている。その考え方は、キリスト者船長としてはロジカルかも知れない。しかし、視座を変えて、そ

(123) ヨブ記における不条理の議論は、神と人との関係を前提としており、アリストテレスの四原因説や主体性に基づく哲学的理解とは異なる。門秀一『不条理の哲学』創文社、1972 年、201-11 頁。

の後、奴隷船長をやめて英国国教会の聖職者になり、奴隷貿易反対運動に関わった。[124] 後者の行動を選択した考え方は、ロジカルを超えた考え方、すなわち、クリティカル・シンキングである。

罪や無垢の信仰という原因に由来しない、神と人との関係を説明し得る別の原理の解明を模索したのである。原因がないのに良い結果が下される場合も厳密に言えば不条理になるが、この場合、人は運が良かったと思う程度で問題にしないだろう。エリフは、ヨブの災厄を因果応報の原理ではなく創造者と被造物の関係の視座から俯瞰しようと試みたのである。だが、ヨブに対するエリフの議論は、被造物の立場からの議論に過ぎなかった。他方、神の言葉は、その議論を引き継ぐかのように、創造者の立場からヨブに議論を投げたのである。

エリフの弁論は、上述の論考のとおり、表1の「エリフの弁論（4）」の[創造者の権威を賛美][125] において当を得た議論に到達したと肯定的に評価し得る。エリフ弁論や神の言葉が提起した創造者〔神〕と被造物〔人〕の関係概念こそが、現世において応報原理を狭義に適応する御利益信仰を超越し、かつ、不条理を超克するに至る信仰の視座であると考える。それは、悪魔の試みにおいて御利益を排したイエス・キリストの応答の言葉「退け、サタン。『あなたの神である主を拝み、ただ主に仕えよ』[126] と書いてある」[127] や、弟子に対するイエス・キリストの言葉「本人が罪を犯したからでも、両親が罪を犯したからでもない。神の業がこの人に現れるためである」[128] と共鳴する。

エリフ弁論は、創世記冒頭において示された創造者と被造物の関係を再確認させる。ヨブは、創造者と被造物の関係という視座における信仰において悔い改めに導かれたのである。ヨブにおける祝福の回復は、それゆえ、悔い改めに起因する応報的結末でなく、神からの一方的な恵みの賜物と解されるべきである。

---

(124) ジョン・ニュートン『アメージング・グレース物語——ゴスペルに秘められた元奴隷商人の自伝』彩流社、2006年、232、274頁。

(125) 36：1-37：24

(126) 申6：13

(127) マタ4：10

(128) ヨハ9：3

7　不条理を超えて

本章の冒頭において、東日本大震災の大津波によって壊滅的被害を被った大船渡の被災者たちを支えた山浦玄嗣医師の体験の記録を引用した。山浦医師は、大船渡の人々の証言をさらに次のように紹介している。

> われわれが住んでいるのは、本当に津波が多い地域です。約半世紀前の1960（昭和35）年にはチリ地震津波が来て、津波としてはそれほど大きなものではありませんでしたが、それでもたくさんの人が亡くなりました。その前は、1933（昭和8）年の昭和三陸地震の大津波で、これは壊滅的な被害をもたらしました。そして、その前は1896（明治29）年の明治三陸地震の大津波です。私どもは繰り返し、繰り返しこうした津波の経験をしているものですから、津波のことを決して忘れることはありません。[(129)]

> わたしは、あの惨害のさなかに、何千人という気仙の人間を診ました。そして涙ながらにその悲惨な話を聞きました。彼らと一緒に泣きました。女房を亡くしたり、亭主を亡くしたり、子どもを亡くしたり、親を亡くしたり、そういう人たちと一緒に泣いてきました。けれども、「なして、おらァこんなこんな目に遭わねァばなんねァんだべ」という恨み言を聞いたことはただの一度もありません。これははっきり申し上げておきます。ただの一度もない。私は不思議に思います。東京の人はなんでみんな同じこと考えるんだろうと。……友たちも怒りだして言うんです。「気仙衆ァネズミだってそんなごどァ考えねァ」[(130)]。

大津波の悲惨な体験の後に因果応報による不条理を問うことなく、以前のように自然とともに生きる気仙の人々の姿に、ヨブの再祝福やコヘレトの空しさとは異なる、エリフ弁論と神の言葉の時空を超えてのエピローグを見るのである。

（129）山浦『「なぜ」と問わない』43頁。

（130）同48頁。

第４章

死なない命

来世をかいま見る

Ⅰ　聖書における命の探求

牧師の資格を有する教務教師は、時として葬儀の司式を依頼されることがある。終末期の患者本人から直接依頼され、約束どおり式を執り行ったこともある。また、死に直面している方から「死んだらどうなるか教えてくれないか」と質問され、聖句を引用しつつ語り合ったが、時間が足りないまま話は中断されたこともあった。本章は、死後に関わる諸論について旧約聖書を参照しつつ概観する。

1　福音

宗教改革の信仰は、聖書が自らを解釈するというルターの《聖書のみ》の教えに由来して福音主義と呼ばれ、カトリック教会の立場と区別されてきた。新約聖書に用いられている用語「福音[1]」には、「良きおとずれ」の意味が込められている。福音に対応する旧約聖書の用語は「知らせ[2]」であり、以下のように使われている。

> ツァドクの子アヒマアツは言った。「走って行って、主が王を敵の手から救ってくださったという良い知らせを王に伝えます[3]」。ヨアブは彼に、「今日、お前が知らせるのはよくない。日を改めて報告するがよい。今日は知らせないでおこう[4]。王の息子が死んだのだ」と言い、クシュ人に命じた。「行って、お前が見たとおりに王に報告せよ[5]」。クシュ人はヨアブに一礼して走り去った。ツァドクの子アヒマアツは再びヨアブ

(1)「福音」のギリシア語エウアンゲリオン εὐαγγέλιον（gospel）はエウ εὖ（good）とアンゲリオン ἄγγέλιον［ἡ ἀγγελία（message）］の合成語。

(2) בְּשׂוֹרָה（tidings）

(3) וַאֲבַשְּׂרָה אֶת־הַמֶּלֶךְ

(4) לֹא אִישׁ בְּשֹׂרָה אַתָּה הַיּוֹם הַזֶּה וּבִשַּׂרְתָּ בְּיוֹם אַחֵר וְהַיּוֹם הַזֶּה לֹא תְבַשֵּׂר

(5) לֵךְ הַגֵּד לַמֶּלֶךְ אֲשֶׁר רָאִיתָה וַיִּשְׁתַּחוּ

に、「どんなことになろうと、わたしもクシュ人を追って走りたいのです」と願った。「子よ、お前はどうしてそんなに走りたいのだ。お前が行って知らせるほどの良い知らせではない[6]」とヨアブは言ったが、どんなことになろうと行きたいと言うので、ヨアブは「走るがよい」と答えた。アヒマアツは低地に道をとり、クシュ人を追い越した。ダビデは二つの城門の間に座っていた。城壁に沿った城門の屋根には、見張りが上って目を上げ、男がただ一人走って来るのを見た。見張りは王に呼びかけて知らせた。王は、「一人だけならば良い知らせをもたらすだろう[7]」と言った。その男が近づいて来たとき、見張りはもう一人の男が走って来るのに気がつき、門衛に呼びかけて言った。「また一人で走って来る者がいます」。王は、「これもまた良い知らせだ」と言った[8]。見張りは、「最初の人の走り方はツァドクの子アヒマアツの走り方のように見えます」と言った。王は、「良い男だ。良い知らせなので来たのだろう[9]」と言った。　　　　（サム下 18：19–27）

上記のとおり、旧約聖書における「知らせ[10]」は、良い場合にも悪い場合にも使われ、「良い知らせ」の場合には特に「知らせ」に「良い」を付加する場合もある[11]。他方、新約聖書の福音は語源的に「良い知らせ[12]」が含意されており、イエス・キリストの最初の宣教の言葉「時は満ち、神の国は近づいた。悔い改めて福音を信じなさい[13]」や、天に上げられる前の復活のイエス・キリストが弟子たちに命じた言葉「全世界に行って、すべての造られたものに福音を宣べ伝えなさい[14]」において用いられている。使徒パウロは、

---

(6) וּלְכָה אֵין־בְּשׂוֹרָה מֹצֵאת
(7) אִם־לְבַדּוֹ בְּשׂוֹרָה בְּפִיו
(8) וַיֹּאמֶר הַמֶּלֶךְ גַּם־זֶה מְבַשֵּׂר
(9) וַיֹּאמֶר הַמֶּלֶךְ אִישׁ־טוֹב זֶה וְאֶל־בְּשׂוֹרָה טוֹבָה יָבוֹא׃
(10) בְּשׂוֹרָה
(11) בְּשׂוֹרָה טוֹבָה
(12) εὐαγγέλιον
(13) マコ 1：15
(14) マコ 16：15

わたしは福音を恥としない。福音は、ユダヤ人をはじめ、ギリシア人にも、信じる者すべてに救いをもたらす神の力だからです。福音には、神の義が啓示されていますが、それは、初めから終わりまで信仰を通して実現されるのです。「正しい者は信仰によって生きる」と書いてあるとおりです。
(ロマ1：16-17)

と記すように、福音のために使徒に任命され、福音のために苦しみを受けながらも福音を宣べ伝えた人物だった[15]。そのパウロが「ペトロには割礼を受けた人々に対する福音が任されたように、わたしには割礼を受けていない人々に対する福音が任されている……[16]」と語り、異邦人への福音伝道に従事したのである。では、パウロの伝えた福音の中身を私たちは具体的にどのようなものとして理解しているのだろうか。本節では、福音とは何か、福音によって伝えられたものとは何かについて論考する。

2　十字架、復活、悔い改め

ペトロやパウロは、さまざまな場面でそれぞれに異なる聴き手に対し必要とされる説教を行っている。たとえば、聖霊に満たされた弟子たちが外国語を話している様子を見て驚き怪しんでいるユダヤ人に対し、ペトロはヨエルの預言の成就であること、十字架のこと、復活のこと、ダビデの言葉のこと、悔い改めて洗礼を受けるべきことを語っている[17]。また、「美しい門」にいた足の不自由な男の癒しを目撃した民衆に対する説教においては、イエス・キリストの死と復活、悔い改めて立ち帰るべきこと、預言の成就であることを語った[18]。ユダヤの議員、長老、律法学者たちに対しては、十字架、復活、この名以外に救いはないと告げて癒しを行い[19]、最高法院では、十字架、復活、罪の赦しの悔い改めを宣べている[20]。コルネリウスの家では、十

(15)　Ⅱテモ1：11、2：9、4：17
(16)　ガラ2：7
(17)　使2：14-42
(18)　使3：11-26
(19)　使4：8-12
(20)　使29-32章

字架と復活、信じる者はだれでもその名によって罪の赦しが受けられることを語ると、聖霊が異邦人にも降った。[21] 以上のように、ペトロは、説教の中で必ずイエス・キリストの十字架と復活を語り、悔い改めて罪の赦しを受けること、もしくは、信じて義とされることを勧めている。パウロもアンティオキアの会堂で説教を行い、イスラエルの歴史、十字架、復活を宣べ、復活は預言の成就であり信じる者を義とすると告げている。[22] ペトロとパウロの説教を概観すると、説教の最大公約数的共通要素として、イエス・キリストの十字架と復活を語り、聴く者の悔い改め、もしくは信仰によって罪の赦しを受けることを勧めている。換言するならば、福音の必須要素は、イエス・キリストの十字架、復活、悔い改めによる救いの使信であると解し得る。

さて、使徒パウロは、コリントの信徒への手紙において、福音とは何かについて以下のように簡潔に述べている。

> 兄弟たち、わたしがあなたがたに告げ知らせた福音を、ここでもう一度知らせます。これは、あなたがたが受け入れ、生活のよりどころとしている福音にほかなりません。どんな言葉でわたしが福音を告げ知らせたか、しっかり覚えていれば、あなたがたはこの福音によって救われます。さもないと、あなたがたが信じたこと自体が、無駄になってしまうでしょう。最も大切なこととしてわたしがあなたがたに伝えたのは、わたしも受けたものです。すなわち、キリストが、聖書に書いてあるとおりわたしたちの罪のために死んだこと、葬られたこと、また、聖書に書いてあるとおり三日目に復活したこと、ケファに現れ、その後十二人に現れたことです。次いで、五百人以上もの兄弟たちに同時に現れました。そのうちの何人かは既に眠りについたにしろ、大部分は今なお生き残っています。次いで、ヤコブに現れ、その後すべての使徒に現れ、そして最後に、月足らずで生まれたようなわたしにも現れました。わたしは、神の教会を迫害したのですから、使徒たちの中でもいちばん小さな者であり、使徒と呼ばれる値打ちのない者です。神の恵みによって今日

(21)　使 10：34-43
(22)　使 13：16-41

のわたしがあるのです。そして、わたしに与えられた神の恵みは無駄にならず、わたしは他のすべての使徒よりずっと多く働きました。しかし、働いたのは、実はわたしではなく、わたしと共にある神の恵みなのです。とにかく、わたしにしても彼らにしても、このように宣べ伝えているのですし、あなたがたはこのように信じたのでした。

（Ⅰコリ 15：1-11）

パウロは、「最も大切なこととしてわたしがあなたがたに伝えたのは」と前置きをして、イエス・キリストの十字架における死、および死からの復活を福音の内容として挙げているが、当該箇所には悔い改めや罪の赦しの言葉は記されていない。

新約聖書の「悔い改め[(23)]」に対応する旧約聖書の用語は「立ち帰り」である。ホセア書に「さあ、我々は主のもとに帰ろう[(24)]」と記されているように、「立ち帰り」は、神に立ち返ることであり、神への信仰に戻ることを意味していた。パウロは、コリントの信徒への手紙一の15章において復活のイエスとの出会いによって信仰に立ち戻った体験に言及し「神の恵みによって今日のわたしがあるのです」と証言している。換言するならば、迫害者だったパウロ自身が神に立ち帰ったことへの言及は、悔い改めの告白と同等の信仰表明なのである。それゆえ、当該箇所のパウロの証言においても福音の3要素が見いだせることになる。しかもパウロは引き続き、死者の復活は存在しないと主張する者への弁証[(25)]、また復活があるならばどのように死人が蘇るのかとの問いに対する弁証[(26)]を行っている。弁証の最後に「この朽ちるべ

(23) μετάνοια（repentance).「旧約聖書において『悔い改め』をあらわす動詞は שׁוּב（シューブ）である。『悔いる』（出 13：17）と邦訳されている נָחַם（ナハム）とは区別され、70人訳ではナハムのほうを μεταμέλομαι, μετανοεω と訳し、シューブを ἐπιστρέφων, ἀποστρέφων と訳している。新約聖書は70人訳の慣例に従わず、μετάνοέω をもってシューブの意味内容を表している」。大串元亮「悔い改め」『旧約聖書事典』教文館、1983年、85頁。

(24) ホセ 6：1。לְכוּ וְנָשׁוּבָה אֶל־יְהוָה

(25) Ⅰコリ 15：12

(26) Ⅰコリ 15：35

きものが朽ちないものを着、この死ぬべきものが死なないものを着るとき、次のように書かれている言葉が実現するのです。『死は勝利にのみ込まれた。死よ、お前の勝利はどこにあるのか。死よ、お前のとげはどこにあるのか』[27]」と宣べ、復活信仰は死を乗り越えるものであることを証言している[28]。

パウロの告げる福音も、イエス・キリストの十字架、復活、悔い改めであると要約される。パウロが書簡において「ローマにいるあなたがたにも、ぜひ福音を告げ知らせたいのです。わたしは福音を恥としない。福音は、ユダヤ人をはじめ、ギリシア人にも、信じる者すべてに救いをもたらす神の力だからです[29]」と記している。福音の言葉の中に十字架、復活、悔い改めが含意されているのである。しかし、それが福音の終着点ではない。福音には、復活に後続する《永遠のいのち》の存在も含まれている。《永遠のいのち》は、ヨハネ福音書における主要な論題でもある。

3　ヨハネと命

ヨハネ福音書は、「初めに言（ことば）があった。言は神と共にあった。言は神であった」と書き出している。「初めに」と聞くと、ユダヤ人の多くは創世記を連想する。なぜなら、創世記の冒頭にも「初めに、神は天地を創造された」と「初めに」が記されているからである。しかも、ヘブル語聖書は最初の単語をその書の名前にするので、最初の単語「初めに」が創世記のヘブル語書名になっており、「初めに」が重なり合って響く。それゆえ、ヨハネ福音書と創世記は容易に結び付く。しかし、「初めに」の表現は同じだが、創世記の「初めに」は動詞と連結する珍しい表現になっているのに対し[30]、ヨハネ福音書の「初めに」は、通常の副詞表現であり、永遠の初めを意味している。創世記の書き出しの表現と共鳴しつつも、ヨハネ福音書は、永遠のはじめにロゴス（言）が存在し、ロゴスは創造を担った神であり、ロゴスがイ

(27)　Ｉコリ 15：53-54
(28)　Ｉコリ 15：54-58
(29)　ロマ 1：15-16
(30)　בְּרֵאשִׁית בָּרָא אֱלֹהִים

エス・キリストであると宣言しているのである。[31]

創世記において、神は最初の人アダムに命の息を吹き入れ生きるものとしたが、それはユダヤ人にとって周知のことである。ユダヤ人にとって問題なのは、肉体のことではなく、それが終わる後に残る命、すなわち、魂の行き先のこと、換言するならば、永遠の命のことだった。ルカの福音書において、律法の専門家や要職に就いている議員までもがイエス・キリストに「何をしたら永遠の命を受け継ぐことができますか[32]」と質問している。この問いに対し、イエス・キリストは、神の国のために犠牲を払ってでも従う人が「この世でその何倍もの報いを受け、後の世で永遠の命を受ける[33]」と答えている。イエスは、永遠の命について幾度も証言している。比喩表現を用いて、命のパン[34]や永遠に至る水と語り[35]、「私が道であり、真理であり、命である。私を通らなければ、だれも父のもとに行くことが出来ない[36]」と言う。さらに使徒言行録では、パウロとバルナバの伝道によって、この永遠の命がユダヤ人だけでなく異邦人にも与えられたことが語られている。[37]イエス・キリストこそ真実の神、永遠の命だと宣べられている。

また、ヨハネ福音書は、命を人間を照らす光であると譬えている。光は、天地創造の最初のものであり、モーセに幕屋建設を命じたとき、主は7枝の燭台の制作を命じている。[38]7つの枝のついた燭台、メノラーは、今日のイスラエルの国の徴、国章にもなっている。ダビデ王が詩編の中で「主はわたしの光、わたしの救い、わたしは誰を恐れよう[39]」と歌っているように、今日のユダヤ人もローソクの光に照らされつつ安息日の祈りを行っている。人間を照らす光について、使徒パウロは「光から、あらゆる善意と正義と真実が

---

(31) Ἐν ἀρχῇ ἦν ὁ λόγος
(32) ルカ 18：18
(33) ルカ 18：30
(34) ヨハ 6：35、48
(35) ヨハ 4：14
(36) ヨハ 14：6
(37) 使 13：46
(38) 出 25：31-40
(39) 詩 27：1

生じる[40]」と記している。善意と正義と真実は、パウロが霊の結ぶ実[41]として説いている愛や平和などと共通する徳目である。それらが、この世界へ光のごとく放出されているというのである。光は闇の存在をはっきりと認識させる。イエス・キリストは「わたしは世の光である。わたしに従う者は暗闇の中を歩かず、命の光を持つ[42]」と断言している。しかし、「暗闇は光を理解しなかった[43]」とも記し、「光が世に来たのに、人々はその行いが悪いので、光よりも闇の方を好んだ。……真理を行う者は光の方に来る[44]」とも語っている。福音は、イエス・キリストの十字架と復活の出来事によって悔い改める者に用意された永遠の命に至る導きの使信なのである。

４　律法の専門家と命

ユダヤ教の信仰において永遠の命に至る道を歩むことは、人生における重大関心事だった。ユダヤ教の信仰者には永遠の命に至る人生を歩んでいないのではとの不安が絶えず存在し、その不安の払拭に腐心していたのである。そのような不安は、行いによって救いが得られると教える宗教に共通の問題でもある。熱心に律法を遵守してもこれで十分だとの確信がなかなか得られないので、さらに熱心な修行へと自らを駆り立ててゆくことになる。エッセネ派、サドカイ派、熱心党だけでなくファリサイ派においても同じだった。以下に引用する律法の専門家もその１人だった。

> ある律法の専門家が立ち上がり、イエスを試そうとして言った。「先生、何をしたら、永遠の命を受け継ぐことができるでしょうか」。イエスが、「律法には何と書いてあるか。あなたはそれをどう読んでいるか」と言われると、彼は答えた。「『心を尽くし、精神を尽くし、力を尽くし、思いを尽くして、あなたの神である主を愛しなさい、また、隣人を自分の

---

(40)　エフェ５：９
(41)　ガラ５：22
(42)　ヨハ８：12
(43)　ヨハ１：５
(44)　ヨハ３：19-21

ように愛しなさい』とあります。イエスは言われた。「正しい答えだ。それを実行しなさい。そうすれば命が得られる」。しかし、彼は自分を正当化しようとして、「では、わたしの隣人とはだれですか」と言った。

（ルカ 10：25-29）

イエスは、「正しい答えだ。それを実行しなさい。そうすれば命が得られる」と答えたが、問答は続き、最後に良きサマリア人の譬えが語られる。並行箇所では以下のようにイエスが解答を与える問答形式になっている。

ファリサイ派の人々は、イエスがサドカイ派の人々を言い込められたと聞いて、一緒に集まった。そのうちの一人、律法の専門家が、イエスを試そうとして尋ねた。「先生、律法の中で、どの掟が最も重要でしょうか」。イエスは言われた。「『心を尽くし、精神を尽くし、思いを尽くして、あなたの神である主を愛しなさい』。これが最も重要な第一の掟である。第二も、これと同じように重要である。『隣人を自分のように愛しなさい』。律法全体と預言者は、この二つの掟に基づいている」。

（マタ 22：34-40）

律法の専門家の「どの掟が最も重要か」との問いに対し、イエス・キリストは、第一の掟として「心を尽くし、精神を尽くし、思いを尽くして、あなたの神である主を愛しなさい」との行いを提示した。この瞬間、律法の専門家は無限ループに陥った。なぜなら、イエス・キリストが示した第一の掟「心を尽くし、精神を尽くし、思いを尽くして、あなたの神である主を愛しなさい」は、申命記 6 章 4-5 節、いわゆる、「シェマア・イスラエル（聞け、イスラエル）」からの引用だったからである。それは、ユダヤ人ならば小さい頃から暗記させられ誰でも知っており実践しようとしていたものである。

聞け、イスラエルよ。我らの神、主は唯一の主である。あなたは心を尽くし、魂を尽くし、力を尽くして、あなたの神、主を愛しなさい。

（申 6：4-5）

「シェマア・イスラエル」が解答であるとするならば律法の専門家は既に知っている。しかし、「シェマア・イスラエル」では確信を持てなかったのでイエスに問うたのである。イエスの答えが「シェマア・イスラエル」であるならば、それに加えるべき更なる行いが期待された。それゆえ、「彼は自分を正当化しようとして、『では、わたしの隣人とはだれですか』[(45)]」と質問したのである。

ところで、邦訳を比較すると若干の相違が認められる。イエスは「心・精神・思い」と表現しているのに対し、申命記では「心・魂・力」である。マルコ福音書の並行箇所も以下に示すとおり相違している。

> イエスはお答えになった。「第一の掟は、これである。『イスラエルよ、聞け、わたしたちの神である主は、唯一の主である。心を尽くし、精神を尽くし、思いを尽くし、力を尽くして、あなたの神である主を愛しなさい』。……」。律法学者はイエスに言った。「……『心を尽くし、知恵を尽くし、力を尽くして神を愛し、また隣人を自分のように愛する』ということは……」。　（マコ12：28-33）

イエスは「心・精神・思い・力」の順で語ったが、他方、律法学者は「心・知恵・力」と表現した。どのように主を愛するかの表現に関する問答をまとめると次のようになる。

〔申命記〕	心・魂　・力	〔シェマア〕
〔マタイ〕	心・精神・思い	〔イエス〕
〔マルコ〕	心・精神・思い・力	〔イエス〕
〔マルコ〕	心・知恵・力	〔律法学者〕
〔ルカ〕	心・精神・力　・思い	〔律法学者〕

イエスはなぜ申命記の表現を言い替えたのか。律法学者が「知恵」と表現

(45)　ルカ10：29

したことは妥当だったのか。聖書の記述に沿ってその本義を論考する。「心を尽くし、魂を尽くし、力を尽くして」の表記は、申命記6章だけでなく、列王記下にも見いだせる。ヨシヤ王について次のように記されている。

> 彼のように全くモーセの律法に従って、心を尽くし、魂を尽くし、力を尽くして主に立ち帰った王は、彼の前にはなかった。彼の後にも、彼のような王が立つことはなかった。（王下 23：25）

他方、「心を尽くし、魂を尽くし」の表記は、ヨシュア記22章5節など申命記や歴代誌などの旧約聖書16箇所[(46)]で用いられている。

> ただ主の僕モーセが命じた戒めと教えを忠実に守り、あなたたちの神、主を愛し、その道に歩み、その戒めを守って主を固く信頼し、心を尽くし、魂を尽くして、主に仕えなさい。（ヨシュ 22：5）

さらに、「心を尽くし」だけの単独表記になると、詩編86編12節など旧約聖書の21箇所[(47)]において用いられている。

> 主よ、わたしの神よ、心を尽くしてあなたに感謝をささげ、とこしえに御名を尊びます。（詩 86：12）

興味深いことに、「心を尽くし、まことをもって主に仕えなさい[(48)]」や「まことを尽くし、ひたむきな心をもって御前を歩み[(49)]」などの表現も見いだす

---

(46) 申 4：29、10：12、11：13、13：4、26：16、30：2、6、10、ヨシュ 22：5、23：14、王上 2：4、8：48、王下 23：3、代下 6：38、15：12、34：31

(47) サム上 7：3、12：20、王上 8：23、14：8、王下 10：31、代下 6：14、22：9、31：21、詩 9：2、6：12、111：1、119：2、10、34、58、69、145、138：1、コヘ 8：16、エレ 29：13、ダニ 10：12

(48) サム上 12：24

(49) 王下 20：3、イザ 38：3

ことができる。上記で概観したように、心[50]と魂[51]の併記は、頻出しており対句を形成していると解し得る。他方、力[52]との併記は、申命記6章5節や列王記下23章25節以外には見られない。すなわち、「心」の単記もしくは「心」と「魂」の併記が基本であり、場合に応じて「力」や「まこと[53]」が追記されていると考えられる。日本語の「全力を賭けて」「全霊を賭けて」「全精力を賭けて」「全身全霊を賭けて」などの表現を「全身全霊全能力を賭けて」とか「全身全霊全知力を賭けて」などと自分なりに追記や変容させて表現することが類例として挙げられる。

ラビ・アキバがローマ兵の火あぶりの刑によって最期を迎えようとしたとき、シェマアの祈り「心を尽くし、魂を尽くし、力を尽くして……」を唱え、「私は今まで、心と魂と力を尽くして神を愛することしかできなかった。しかし、今は命を尽くして神を愛する機会が与えられている。それが嬉しいのだ」と「命」を加えたとの伝説が想起される。ラビ・アキバは、自分の命を懸けたときに、「心を尽くし、魂を尽くし、力を尽くして」のシェマアに「命を尽くして」を追記したのである。それは、申命記6章5節の本義を彼の実存に合わせて証ししたものだった[54]。

申命記6章5節の「心・魂・力」は、新約聖書の引用において多様に表現されている。それぞれの単語が70人訳においてどのようなギリシア語に翻訳されたかを調べてみると、心はカルディア[55]、魂はプシュケー[56]、力はデュナミス[57]である。また、ヨシュア記22章5節の心[58]はディアノイア[59]に、列王

(50)　לבב
(51)　נפש
(52)　מאד
(53)　אמת
(54)　タルムード「ベラホート」篇61b。
(55)　καρδία
(56)　ψυχή
(57)　δύναμις
(58)　לבב
(59)　διάνοια

記下23章25節の力[60]はイスクース[61]に翻訳されている。新約聖書の表現をまとめると以下のとおりになる。

〈イエス・キリストの表現〉

『マタイ福音書』……「心（カルディア）・精神（プシュケー）・思い（ディアノイア）」

『マルコ福音書』……「心（カルディア）・精神（プシュケー）・思い（ディアノイア）・力（イスクース）」

〈律法学者の表現〉

『マルコ福音書』……「心（カルディア）・知恵（スネセオス[62]）・力（イスクース）」

『ルカ福音書』……「心（カルディア）・精神（プシュケー）・力（デュナミス）・思い（ディアノイア）」

旧約聖書において「心を尽くし」は、単記による表現の他に、対句の「魂を尽くし」を伴っても表現された。また「力」や「まこと」を併記する表現もあった。このように「心を尽くし」の本義は多様な表記によって表現された。それゆえ、イエス・キリストや律法学者の言い替えは、本義を適切に表現しようとした妥当な範囲内での変容であり、敢えて言うならば、律法の専門家のそれまでの自分の真摯な人生を込めた表現として「知恵を尽くし」と言い替え、また「思い」を追加したのであろう。しかし、それでもなお、律法の専門家は永遠に至る確信が持てなかった。永遠の命を求める問い掛けは、時空を超越して人間が抱く実存的根本問題なのである。

(60) מאד

(61) ἰσχύς

(62) συνέσεως（知恵）

Ⅱ　今日における命の探求

死の瞬間は音もなく訪れる。その瞬間にいたるまで、人はまだ数年数日数時間数分の猶予があると信じて生きる。死が到来する前の元気なうちに時間はないと考えて心と知識の備えをすることが賢明である。17世紀のロンドンでペストのパンデミックが発生し約十万人の死者を出した。『ロビンソン・クルーソー』の著者ダニエル・デフォーは、静かで見えない死の恐怖を人々の心を揺さぶる文学作品として残した。『ペストの記憶』である。その中に次のような事例が記されている。

> 元気な人というのは、すでに病気の菌に感染し、その肉体と血液に病毒を抱えながら、外見ではその影響の分からない者を意味する。いやこの人たちは、自分でも感染に気づいていないことがあり、数日間は無自覚のままというのはざらだった。彼らはあらゆる場所で、近くを通る誰にでも死の息を吹きかけた。それどころか、その着ているものには疫病の元が潜んでいて、その手が触れるものにもそれがうつった。とりわけ手が温かく、汗を掻いているときは感染力が強かった。実際のところ、この人たちはたいてい汗を掻きやすくなっていた。……当の本人が感染したと自覚していないこともあった。当時よく見かけた、いきなり街頭で倒れて気を失う者は、この手の元気な人だった。というのも、この人たちは頻繁に街に出て最後まで歩きまわり、しまいには急に汗だくになり、意識が遠のくのを感じ、近くの玄関先に座り込んでそのまま死んでしまったのである。……こういう人たちこそ危険であり、本当に元気な人たちが警戒すべき相手だった。しかし、病気でない側から見れば、それを見分けるのは不可能だった。[63]

(63)　ダニエル・デフォー『ペストの記憶』研究社、2017年、346頁。

また、次のような悲痛な事例も記されている。

> 子供の調子が悪いのに気づいた母親が、医者に往診を依頼した。医者が到着すると、母親は子供に乳を与えていた。どこから見ても、彼女の方は健康そのものだった。ところが、医者がそばに近づくと、ちょうど子供に含ませている乳房に不吉な徴が見つかった。もちろん、医者はかなり驚いたはずだ。しかしこの気の毒な女性を過度に怖がらせるのは望ましくなかったので、彼は母親に『お子さんを渡していただけますか』と尋ねた。子供を託されると、部屋にあった揺りかごに移動し、子供をそこに寝かせ、服を脱がせてみると、こちらにも徴が現れていた。子供の父親に二人の病状を伝えてから、医師は父親のための予防薬を取りに行ったのだが、この医師が戻ったときには、もはや母子共に亡くなっていた。(64)

時代も場所も医療環境も異なる今日の私たちにとっても、これは他人事ではない。スピードこそ違うが、死は確実に静かに近づいてくるからである。元気な本人がそれと気づかないだけである。命を得ようと模索した聖書の人物のように、備えが求められている。

時間の経過は速度によって変化するというアインシュタインの相対性理論は実験的に実証された事実だがなかなか実感し難く、現世は科学的証明が王道を行く３次元世界である。科学的証明とは、換言するならば「いつでもだれでも」である。同じ手順を正確に踏むならば誰が実験してもいつでも同じ結果が出る。同じ結果が出たときに、仮説は証明され事実となる。しかし、ビッグバンやインフレーション宇宙などの物理の分野においてさえも、証明されるまでは仮説である。常温核融合やSTAP細胞の事例のように再現実験が成功しない場合はその仮説は棄却される。それゆえ実験分野の論文は、実験データやデータ解析と同じほどにいやそれ以上にどのような実験装置を使ってどのような実験を行ったかを詳細に記述することが重要になる。それ

(64)　同151-52頁。

は、再現実験を保証するためである。しかし、現世は、再現可能なものばかりで成り立っているわけではない。たとえば、歴史的事象がある。歴史は繰り返すことができないのだ。たとえば、今日、朝食に納豆卵かけ御飯を食べてきたとする。翌日にそれをどのように証明できるだろうか。過ぎ去った昨日の朝という時間を再び経験することはできない。そこで、一緒に食べた友だちなど第三者の証言、卵の殻や納豆の容器や写真などの物的証拠、食べたことについての自白が重要な証拠になる。裁判長が誰の主張を信用するかは弁論の力量にかかってくる。

ところで、物的証拠が期待されない約2000年前のエルサレムで起きたイエス・キリストの復活を信仰の事実としてではなく歴史的出来事として吟味するとき、再現性を問う科学的証明ではなく法的証明方法で問われることになる。すなわち、弟子のトマスのように「復活を見せよ」と問うのではなく[(65)]、証言記録である聖書の文献学的な検証などの法的手法の吟味が必要になる。死は万人が必ず経験する。しかし、死の経験は再現性のない出来事であり科学的証明の領域を越える事象である。死は命の終焉かそれとも永遠の命の出発点か。死と死後に関する探求の軌跡をさらに概観する。

1　神話の世界

ギリシア神話を参照すると、現世に対峙しているのは神々の世界である。その世界は、神々の誕生や神々の戦いで満ちており、現世を投影した様相を呈している。古代オリエント神話においても同様である。本節では、「ギルガメシュ叙事詩」「アトラ・ハシース物語」「シュメールの洪水物語」「ノアの箱舟の物語」を比較しながら、古代オリエント神話における命の様相を概観する。

独学で楔形文字を学び解読できるようになっていたジョージ・スミスは、大英博物館の作業部屋に置かれていた発掘された楔形文字の粘土板の中に奇妙な形をした1枚を見いだした。読んでみると洪水の物語が書いてあるではないか。スミスは、1872年12月3日の聖書考古学会でその解読結果を発表

---

(65)　ヨハ20：25-29

した。ノアの箱舟の物語を彷彿とさせるその内容は、物語の途中だと思われ、その前後にあるべき粘土板の存在が想定された。やがて、前後の粘土板の発掘にも成功し全体像『ギルガメシュ叙事詩』が明らかになった。スミスが解読した洪水物語は『ギルガメシュ叙事詩』の第11番目の粘土板の「ウトナピシュティムの洪水物語」だった。ギルガメシュは、実在のウルク王であり、物語は単なる神話ではなく歴史伝説[66]と見なされる物語である[67]。

ギルガメシュ叙事詩の内容は次のとおりである[68]。ギルガメシュ王は民を苦しめる暴君だった。ウルクの人びとが苦しみを神々に訴えると、神アヌは大地の女神アルルに命じて、エンキドゥという猛者を造らせてギルガメシュ王と競わせる。取っ組み合いの戦いをするが勝敗がつかず、むしろ2人は互いの強さを認めて「わが友よ」と呼び合う。さて、2人は連れだって森に住む人の恐れる森番のフンババを討伐する。ウルクに帰ると女神イシュタルがギルガメシュの英姿に魅せられて誘惑するが、ギルガメシュはその誘いを断る。怒ったイシュタルは天の神アヌに強要して、天の牛を送らせてウルクを滅ぼそうとする。ギルガメシュとエンキドゥは今度も力を合わせて戦い、天の牛に打ち勝つ。しかし神々はエンキドゥにフンババと天の牛を殺した償いに死を宣告し、エンキドゥはギルガメシュに見守られて息を引き取る。友人エンキドゥの死に直面し、ギルガメシュは「私が死ぬのもエンキドゥのごとくではあるまいか。悲しみが私のうちに入り込んだ。死を恐れ、私はさまよう」と嘆く。やがて、ギルガメシュは「死と生命のことを知りたい」と求め始める。古都シュルッパクの聖王ウトナピシュティムが不死であることを知り、彼を訪ねる旅に出る。苦難の末に尋ね当てたウトナピシュティムは「ギルガメシュよ、お前に秘事を明かしてあげよう。そして神々の秘密をお前に話してあげよう」と語り始め、「葦屋よ、葦屋よ、壁よ、壁よ、葦屋よ、聞け。壁よ考えよ」と洪水の物語を告げ始める。それがスミスの読んだ第11

(66) historical legend（歴史性のある伝説）
(67) K. A. Kitchen, *The Bible in Its World* (Exeter: The Paternoster Press, 1977), 63.
(68) 矢島文夫『ギルガメシュ叙事詩』筑摩書房、1998年、13-16頁。同「ギルガメシュ叙事詩」『古代オリエント集』（筑摩世界文学体系1）筑摩書房、1978年、134-166頁。

番目の粘土板だった。

ヤーコブセンは古い神話の不死や永遠の命の主題がギルガメシュ叙事詩に織り込まれたと仮定し、他方、スミスはギルガメシュ叙事詩がノアの箱舟の物語に影響を与えたと推論した。[69] シカゴ大学のハイデルはさらに詳細な比較検討を加え、ギルガメシュ叙事詩とノアの箱舟の物語は、共通のさらに古い資料層に基づきつつ各々の洪水物語を成立させたと推論した。[70] すなわち、ノアの箱舟の物語はギルガメシュ叙事詩に従属していないとの分析である。[71] では、オリエントの神話と異なるノアの箱舟物語独自の特徴とは何かとの疑問が生じる。そこで「ギルガメシュ叙事詩」「アトラ・ハシース物語」「シュメールの洪水物語」「ノアの箱舟の物語」の洪水物語を以下の表に示すとおり9つの場面に分割して比較し、それぞれの内容を検討し、描写や表現に独自性が認められるか、共通性があるかを吟味した。

ノアの箱舟の物語に存在し他のオリエント神話に存在しない要素が、ノアの箱舟物語の執筆意図、または、ノアの箱舟の物語の収載の意図を推察し得る独自の要素ということになる。逆に、ノアの箱舟の物語に存在せずに他のオリエント神話に存在する要素は、オリエント神話の特色となる。下記の表を参照すると、ノアの箱舟の独自性が最初と最後の場面に現れていることが分かる。ノアの箱舟において神が洪水を決定する場面は以下のとおりである。

---

(69)　T. Jacobsen, et al., *Before Philosophy: The Intellectual Adventure of Ancient Man* (Harmondsworth: Penguin, 1946), 224–24.

(70)　A. Heidel, *The Gilgarnesh Epic and Old Testament Parallels* (Chicago: Univ. of Chicago Press, 1949), 267.

(71)　ノアの箱舟の記事（創6：9–9：17）に関し、ディヴィトは、創世記の記事を楔形文字粘土板に由来するものと仮定し、10の部分に分割し、「ノアの箱舟」に3つもしくは4つの粘土板を想定した。特に、6章1節aを表題、6章1–8節を歴史設定、6章9–12節を奥付（colophon）、9章18節を要約奥付（summary colophon）と見なした。D. S. DeWitt, “The Generations of Genesis,” *Evangelical Quarterly* 48 (1976): 198–203. 創世記の記事の起源の古さに関しては、創世記5章の系図とシュメールの王名表を対比させたウォルトンの研究からも暗示される。J. Walton, “The Antediluvian Section of the Sumerian King List and Genesis 5,” *The Biblical Archaeologist* 4 (1981): 207–208.

これはノアの物語である。その世代の中で、ノアは神に従う無垢な人であった。ノアは神と共に歩んだ。ノアには三人の息子、セム、ハム、ヤフェトが生まれた。この地は神の前に堕落し、不法に満ちていた。神は地を御覧になった。見よ、それは堕落し、すべて肉なる者はこの地で堕落の道を歩んでいた。神はノアに言われた。「すべて肉なるものを終わらせる時がわたしの前に来ている。彼らのゆえに不法が地に満ちている。見よ、わたしは地もろとも彼らを滅ぼす。 (創 6：9-13)

アトラ・ハシース物語における神々が洪水を起こす原因は対照的である。

千二百年も経たぬうちに国土は拡がり民の数は増した。国土は雄牛のごとく吠えたて、神々はその平安を乱された。エンリルは彼らの騒ぎをきき偉大なる神々に向かって言った。「人間どもの騒ぎは耐え難いほどにひどくなった。彼等の騒々しさのために眠ることもできぬ」。
(アトラ・ハシース物語 2 部 1-8)[72]

神々は、自分たちの安眠確保のため、始めは旱魃や飢饉によって人間を静めようとしたが失敗し、最終的に大洪水によって人間を全滅させようとしたのである。アトラ・ハシースにだけ造船の命令が下った理由は不明である。

洪水後に神は犠牲を捧げるノアと祝福の契約を結ぶ。

神はノアと彼の息子たちを祝福して言われた。「産めよ、増えよ、地に満ちよ。地のすべての獣と空のすべての鳥は、地を這うすべてのものと海のすべての魚と共に、あなたたちの前に恐れおののき、あなたたちの手にゆだねられる。動いている命あるものは、すべてあなたたちの食糧とするがよい。わたしはこれらすべてのものを、青草と同じようにあなたたちに与える。……更に神は言われた。「あなたたちならびにあなたたちと共にいるすべての生き物と、代々とこしえにわたしが立てる契

(72) 『古代オリエント集』175 頁。

場面	ノアの箱舟	ギルガメシュ叙事詩	アトラ・ハシース物語	シュメール洪水物語
神の決定	人間の罪	×	人間の騒音	×
	主人公の義	×	×	従順
	船建造命令	船建造命令	船建造命令	×
	×	長老たち	長老たち	×
箱舟	箱舟建造	箱舟建造	箱舟建造	×
乗船	家族や動物	家族や動物	家族や動物	×
戸締	嵐の到来	嵐の到来	嵐の到来	嵐の到来
洪水	洪水で全滅	洪水で全滅	洪水で全滅	×
恐れ	×	神々の恐れ	神々の恐れ	×
山頂	箱舟だけ助かる	箱舟だけ助かる	×	×
犠牲	犠牲を捧げる	犠牲を捧げる	犠牲を捧げる	犠牲を捧げる
会議	×	神々の会議	神々の会議	×
祝福	豊穣の祝福と賛美	豊穣の祝福と賛美 神のようになる	豊穣の祝福と賛美	神のようになる
	神からの祝福の契約	×	×	×

[×印は、その場面に対応する記述がない。]

約のしるしはこれである。すなわち、わたしは雲の中にわたしの虹を置く。これはわたしと大地の間に立てた契約のしるしとなる。わたしが地の上に雲を湧き起こらせ、雲の中に虹が現れると、わたしは、わたしとあなたたちならびにすべての生き物、すべて肉なるものとの間に立てた契約に心を留める。水が洪水となって、肉なるものをすべて滅ぼすことは決してない。雲の中に虹が現れると、わたしはそれを見て、神と地上のすべての生き物、すべて肉なるものとの間に立てた永遠の契約に心を留める」。神はノアに言われた。「これが、わたしと地上のすべて肉なるものとの間に立てた契約のしるしである」。(創 9：1-17)

他方、アトラ・ハシース物語における洪水後の神々とアトラ・ハシースの様子も対照的である。アトラ・ハシースが食料を神々に捧げものとして置いた場面である。

神々は臭いを嗅いだ。彼らは蠅のように供物の上に群がった。供物を食べ終えるとエントゥは立ち上がって彼等一同に小言を言おうと、「統領、アヌはどこに行かれたのか？……」。

（アトラ・ハシース物語3部第五欄34–39）[73]

オリエント神話においても、人間世界の投影の様相があることが読み取れる。現世を投影する物語から何らかの教訓が得られるにしても永遠の命を保証する確信の根拠を得ることはできない。

2　哲学とコヘレト

哲学は人生を生きるに当って最も重要であると考えるものについて探求する学問、すなわち理性的知恵に基づく探求の学問である。紀元前6世紀、古代ギリシアのイオニア地方でタレスは二等辺三角形の底角が等しいことを証明した。人間の願望に無関係な自然現象を対象にした合理的科学的思索である。さらに、世界を構成する物質は何か、この物質はどのような過程をへて現にあるこの世界になったのかが賢者によって思索された。神々ではなく人間が主人公の世界を合理的精神で思考したのである。それが哲学の登場となった。そのころの民はポリスに隷属する存在だった。古代ギリシアの行動規範であるノモスは永遠の昔からのもので揺るぎなきものと考えられてきた。やがて、アテナイでノモスに対する人間の優位という考えが起きてくる。「ソフィスト」と呼ばれる知識人の登場である。自然科学的知見の探求に絶望したソクラテスは、人間の生き方、よく正しく生きることに関心を寄せた。特に自己否定を通じて知を求めようとする主体的自己の歩む道を重要視した。ソクラテスは、国家の信ずる神々ではなく、新しい「ダイモニア（神霊）」を信じたが、ダイモニアの声は牢獄のソクラテスには響かず、国法を優先させて毒杯を仰いだ。

（73）　同182頁。

初期の哲学者は、現世においてよく生きることを知恵によって探求したのであって来世を探求したわけではない。他方、プラトンは、感覚的なものを定義する非感覚的なものの存在を想定した。たとえば、勇敢な行動を定義する〈勇気〉を独立した存在者と考え、前者は不完全であるが後者は完全なものと考え、それを「イデア」または「エイドス（形相）」と呼んだ。プラトンは、前世の人間の魂（プシュケー）がイデアを正しく見ていれば、この世に生まれてもそのイデアを思い出すことができると考えた。霊魂こそ人間の本質であり、死んでも霊魂は不滅であると考え、前世と後世の存在を想定したのである。天の外にあるイデア界に存在していた霊魂は、2頭立ての馬車を率いて天を駆ける有翼の御者に喩えられ、馬を操ることに失敗した霊魂がこの世に墜落し「忘却の河」を渡って人間の肉体に宿ると考えられた。人間は、それゆえイデア界のイデアを現世において想起することによって真の認識を得ることが出来る。このように、プラトンのイデアは、現世で人がよく生きるための思索として提起された。

では、旧約聖書は、現世において人がよく生きるとはどのようなことというのか。コヘレトの言葉9章を概観しながら論考を進める。コヘレトの言葉9章は、内容と形式から4つの部分（1-6、7-10、11-12、13-16節）に区分される(74)。第一の区分のテキストは以下のとおりである。

[1] わたしは心を尽くして次のようなことを明らかにした。すなわち
善人、賢人、そして彼らの働きは
　　神の手の中にある。
愛も、憎しみも、人間は知らない。
人間の前にあるすべてのことは [2] 何事も同じで
同じひとつのことが善人にも悪人にも良い人にも
清い人にも不浄な人にも
いけにえをささげる人にもささげない人にも臨む。
良い人に起こることが罪を犯す人にも起こり

(74)　17節と18節は、10章1節以下の知恵に関する格言の文脈で議論すべき箇所であるので、ここでの論考には含めない。

誓いを立てる人に起こることが
誓いを恐れる人にも起こる。

[3] 太陽の下に起こるすべてのことの中で最も悪いのは、だれにでも同じひとつのことが臨むこと、その上、生きている間、人の心は悪に満ち、思いは狂っていて、その後は死ぬだけだということ。

[4] 命あるもののうちに数えられてさえいれば
まだ安心だ。
犬でも、生きていれば、死んだ獅子よりましだ。
[5] 生きているものは、少なくとも知っている
　　自分はやがて死ぬ、ということを。
しかし、死者はもう何ひとつ知らない。
彼らはもう報いを受けることもなく
彼らの名は忘れられる。
[6] その愛も憎しみも、情熱も、既に消えうせ
太陽の下に起こることのどれひとつにも
　　もう何のかかわりもない。

1節の「わたしは心を尽くして次のようなことを明らかにした。すなわち善人、賢人、そして彼らの働きは神の手の中にある」は、コヘレト（伝道者）の語る動機を説明している。善人[75]と賢人[76]の組み合わせはコヘレトの言葉では当該箇所と7章16節だけに記されている。善人もしくは義人とは、属する共同体の要求を満たし、正しく忠実に振る舞い、かつ成功した人生を送っている者を意味していた。原因（信仰）と結果（祝福）を現世において目に見える形で実現した者を意味していた。同じように賢人も、その豊富な経験的知識のゆえに多くの成功を既に手中に収めていた者と理解されていた。しかし、コヘレトは、そのような善人も賢人もまた彼らの業も神の御手の中にあると主張する。これは、信仰や行為によって結果が決まるという伝統的な応報信仰と対照的な理解である。コヘレトの主張は、神の決定や人間

(75)　הַצַּדִּיקִים
(76)　הַחֲכָמִים

に関わるすべてのことは被造物である人間には分からないというのである。忠実な者であっても経験豊かな者であっても、その正しさや知恵のゆえに神からの報いを決定論的に期待できるものではないとの主張である。神の御旨を人は悟ることが出来ず、逆に、人の営みのすべてが人知を越えた神の御手の中にあるとの理解である。

その具体的例として、2節において死の到来の事実が考察されている。「善人と悪人」「清い人と不浄な人」「いけにえをささげる人とささげない人」のように両極端を示すことによって全体を意味するメリスムス表現がとられている。すなわち、死は、無条件にすべての人に臨むのである。人の信仰や行為やそれに対する応報を強調する者の視点からは、死の到来は不公平な現象に映るであろう。2節の内容は3節において「太陽の下に起こるすべてのことの中で最も悪いのは、だれにでも同じひとつのことが臨むこと、その上、生きている間、人の心は悪に満ち、思いは狂っていて、その後は死ぬだけだということ」とさらに詳しく説明されている。死はすべての人間関係を喪失させてしまい、来世の死者は現世と関わることはない。

コヘレトは、死を応報信仰ではなく創造論の立場から理解している。つまり、死を被造物の命の自然な終着点であると解し、特別な報いを死や死後に必要としないのである。しかし、コヘレトは、因果応報が破綻しても、被造物なる人間は被造物であるゆえに報いが期待できるとの議論を展開する。

[7] さあ、喜んであなたのパンを食べ
気持よくあなたの酒を飲むがよい。
あなたの業を神は受け入れていてくださる。
[8] どのようなときも純白の衣を着て頭には
香油を絶やすな。
[9] 太陽の下、与えられた空しい人生の日々
愛する妻と共に楽しく生きるがよい。
それが、太陽の下で労苦するあなたへの
人生と労苦の報いなのだ。
[10] 何によらず手をつけたことは熱心にするがよい。

いつかは行かなければならないあの陰府には
仕事も企ても、知恵も知識も、もうないのだ。

「喜んであなたのパンを食べ気持よくあなたの酒を飲むがよい」の表現によって、人間が生きるために必要なものを充分に受けることが勧められている。祭壇の捧げ物が神に喜ばれるように、人の業が受け入れられているからである。飲食は、必ずしも業への報酬として記述されている訳ではない。なぜなら、「あなたの業を神は受け入れていてくださる」の表現において善き行為か悪い行為かの判断は記されておらず、過去のみならず現在や将来にわたるすべての業が包含されていると考えられるからである。飲食の他に「どのようなときも純白の衣を着て頭には香油を絶やすな」とも勧められている。乾燥している地方での白い服の着用や肌を乾燥から守るための油の使用は広く知られている。バビロニアやエジプトでは白い服は祭りの時に着用され、喜びを象徴しており、モルデカイは祝宴の喜びの日に白亜麻布と紫の色の服を着ている。[77] また油は、しばしば喜びのしるしとして用いられている。[78]

飲むこと、食べること、そして喜びをもって妻と共に生きること、それらが人間に与えられた受ける分なのである。死者には与えられることのない報いをこのように生きている者は充分に享受できる。それは、善悪によって区別された業に対する報いではなく、生きている間にすべての人が経験する労苦に対する報いであるというのである。それは、被造物なる人間すべてに与えられた神からの賜物としての報いであり、それゆえにすべての人が等しく受ける権利を有する報いである。

ここで強調されていることは、報いは生きている間のもので、「いつかは行かなければならないあの陰府には仕事も企ても、知恵も知識も、もうないのだ」と記されてあるとおり、死後に期待されるものではない。死後の応報は否定されており、知恵や知識は死後に対して何かを期待できるものではない。死が応報を棄却するという議論は、11 節以下においてさらに例証される。

(77) エス 8：15
(78) 詩 23：5、45：8、箴 27：9

[11] 太陽の下、再びわたしは見た。
足の速い者が競走に、強い者が戦いに
　　必ずしも勝つとは言えない。
知恵があるといってパンにありつくのでも
聡明だからといって富を得るのでも
知識があるといって好意をもたれるのでもない。
時と機会はだれにも臨むが
[12] 人間がその時を知らないだけだ。
魚が運悪く網にかかったり
鳥が罠にかかったりするように
人間も突然不運に見舞われ、罠にかかる。

足の速い者が競走に、そして強い者が戦いに勝つという因果応報は、通常機能するが、いつも必ずというわけではない。なぜなら、人間の営みは、時と機会によって左右されるからである。「時と機会」という二詞一意の表現は、生起する出来事は因果応報を破るものであり、特に死は人の知り得ないことであると言っている。「魚が運悪く網にかかったり鳥が罠にかかったりする」ように、人は死を事前に予知することができない。死に追いやるかもしれない忌まわしい出来事は予告なしに不意に降りかかってくる。善人も賢人もすべての者がその出来事に服従しなければならない。因果応報の成り立たないところに、知恵も含まれている。かくして議論は、知恵の限界という13節以降の議論へと展開する。

[13] わたしはまた太陽の下に、知恵について次のような実例を見て、強い印象を受けた。
[14] ある小さな町に僅かの住民がいた。そこへ強大な王が攻めて来て包囲し、大きな攻城堡塁を築いた。[15] その町に一人の貧しい賢人がいて、知恵によって町を救った。しかし、貧しいこの人のことは、だれの口にものぼらなかった。[16] それで、わたしは言った。
知恵は力にまさるというが

この貧しい人の知恵は侮られ
その言葉は聞かれない。

この箇所は、創作された物語と想定できるほどに整然と構成されている。つまり、導入の「強い印象を受けた[(79)]」は、直訳するならば「それは私にとって大きかった」であり、コヘレトは、大きな出来事であるとの書き出しをしている。住む人のいない小さな町に強大な王が攻めてきて、大きな攻城堡塁を築いたとの事件を紹介し[(80)]、更に、貧しい賢人がその知恵をもってその町を救う劇的な展開を記述し[(81)]、最後に、コヘレトの結論的な言葉[(82)]をもって終わっている。明解な起承転結の構成である。

町や王に付されている「小」や「大」という象徴的な形容詞による対比は、愚人と賢人の内容的対比を象徴している。つまり、知恵ある者はそれに相応しい成功を得、知恵を持たない者、愚人はそれに相応しい破綻を招く。町は救われ、王の戦いは不首尾に終わる。「知恵は力にまさる」のとおりの内容である。ここまでは伝統的な因果応報信仰に合致する。しかし、コヘレトはこの物語の筋書きに因果応報を否定する要素を織り込んでいる。「一人の貧しい賢人」という人物設定が既にそれを暗示している。「貧しさ」は、「知恵」と対照される言葉であり、否定的な意味で用いられることが多い[(83)]。つまり、この人は、貧しい者でありながら知恵があったというのである。この表現は、因果応報の破綻を暗示しており、物語の筋書きを予示する。知恵のゆえに町は救われたが、その人は貧しさのゆえにさげすまれ、記憶に残されることはなかったのである。実に、知恵が期待する報いである記憶されることは実現しなかったのである。

知恵は愚かさよりも力があり、追求されるべき重要なものであるという伝統的な考察を認めつつも、コヘレトは知恵が神を超えるものではなく、被造

(79) גַּם־זֹה רָאִיתִי חָכְמָה תַּחַת הַשָּׁמֶשׁ וּגְדוֹלָה הִיא אֵלָי（13 節）
(80) 14 節
(81) 15 節
(82) 16 節
(83) 箴 14：20、18：23、19：7

物の命の終着点である死に服従していることを明らかにし、それを人々に示そうと務めている。このような知恵の議論は「青春の日々にこそ、お前の創造主に心を留めよ。苦しみの日々が来ないうちに。『年を重ねることに喜びはない』と言う年齢にならないうちに[(84)]」との主張に至るコヘレトの思索の重要な一部分を構成している。概して、旧約聖書のコヘレトは、現世を論じながら来世をそこに対峙させている。

3　浄土思想

仏教の開祖は、紀元前463年にインド北部の釈迦(サーキャ)族の王子として生まれたゴータマ・シッダールタ[(85)]である。生後7日目に母を亡くしたこともあり、王は世継ぎのゴータマを何の不自由もない環境で育てた。しかし、現世は、弱肉強食の残酷な世界であり、また、老いや病や死の苦しみがあることに厭世観を募らせたゴータマは、29歳の時に出家の道を選ぶ。6年間の苦行を重ねたが、導きの師を得ることが出来ず、最終的に独覚の道を選ぶ。やがて、苦行を捨て菩提樹の下に座し瞑想に入る。49日後、ゴータマは悟りを開き[(86)]、釈迦[(87)]もしくはブッダと呼ばれるようになる。ブッダ[(88)]になったゴータマは、一切衆生を悟りに導くため教え諭す布教を始める。45年間布教を行い80歳のとき、沙羅双樹の下に横たわり、自分の人生は自分で律し戒め正すこと（自燈明）、悟りに至る真理の法を智恵の光とすること（法燈明）を弟子たちに語り最期を迎えた。

紀元前383年、ブッダ入滅の3ヶ月後、500人ほどの直弟子が集まり[(89)]、ブッダの教説（経）を記録した『経蔵』、また出家者が守らなければならない決まり（律）を記録した『律蔵』を制定した。さらに約100年後の紀元前280年、律が時代に合わなくなったとして、700人ほどが集まり第二結集が行われた。受け取ってはならないと律が定めている貨幣での布施が議論さ

---

(84)　コヘ12：1
(85)　ゴータマは、悟り後ブッダと呼ばれている。
(86)　入道し、涅槃の境地に入り、煩悩から解脱し、成仏し、などの表現がある。
(87)　もしくは、釈尊。釈迦もしくは釈迦牟尼世尊は釈迦族の聖者という意味の敬称。
(88)　ブッダは、覚者もしくは仏との名称でも呼ばれている。
(89)　第一結集(けつじゅう)。

れた。このとき、貨幣の布施を受け取らないとする保守長老の弟子たち（上座部）と金銀の布施の蓄財を認めるなど十の除外例（十事）の改革案をだした改革派（大衆部）が分裂したのである[90]。その後、上座部は9の部、大衆部は11の部に分裂し[91]、各派は『経』の解説書の『論蔵』を加え、それぞれの『三蔵』[92]が成立してゆく。

ブッダの教えは『阿含経』として、上座部と大衆部の基本経典となっていた。ブッタ入滅後300年から400年の頃に全く新しい『経』が出現した。成立の詳細は不明なのだが、その新しい『経』をダルマ法師が伝道した。ブッダへの信仰が重視され、在家信者である一切衆生もまた出家信者と同じ悟りに到達し得るとの教えを在家信者たちが受け止めたのである。これが大乗仏教の始まりだった。釈迦だけでなく悟りを開いた諸仏の経典が生まれた。先輩の修行者[93]の導きによって在家のままで解脱に到達できるとする大乗仏教は、ブッダの教えに耳を傾け出家をもって独覚をめざす上座部仏教を小乗仏教と呼んだ。紀元1世紀頃に中国に伝わったのは、大乗仏教である。『経』は中国でさまざまに解釈され、智顗（ちぎ）の中国天台教学[94]、曇鸞（どんらん）や道綽（どうしゃく）らの『浄土三部経』[95]、慧可（えか）に始まる中国禅[96]、ヒンドゥー教と混合した密教[97]などである。中国仏教は、紀元6世紀に日本に伝えられた。

日本の仏教における死生観に大きな影響を与えたのは、浄土宗の極楽浄土の思想である。成仏する者が死後に行く世である極楽浄土が思想の基となった。源信の『往生要集』である。源信は平安時代中期の942年に中級貴族に生まれ、比叡山で天台教学を学び、43歳の時に160余りの経巻から極楽往生の記述を抜き出して問答形式で著した書が『往生要集』だった。釈迦は説

(90)　根本分裂
(91)　部派仏教
(92)　『経蔵』『律蔵』『論蔵』
(93)　菩薩
(94)　最澄が学び、比叡山延暦寺を開く。
(95)　法然や親鸞が学ぶ。関係寺院は浄土宗の知恩院、増上寺、浄土真宗の西本願寺、東本願寺。
(96)　臨済義玄が臨済宗の開祖。栄西や道元が学ぶ。関係寺院は臨済宗の建仁寺、曹洞宗の永平寺、総持寺。
(97)　空海が学び真言宗を高野山金剛峰寺に開く。

かなかったが、源信は醜い現世から離れ[98]阿弥陀如来[99]の浄土を求める[100]ことを説く。現世は、地獄、餓鬼、畜生、阿修羅、人間、天の六道に属し、天道においてでさえその楽しみから去らなくてはならない苦しみがある[101]。六道の苦しみから脱して西方浄土[102]に往生するには、阿弥陀如来と浄土を想起しつつ念仏を唱和する観想念仏を方法とした。地獄を含む六道の苦界と浄土（極楽）が源信において出会ったのである。梅原は「最近の研究によれば浄土教はキリスト教の影響を受けた西域産の思想であるそうだが、それが中国に入り道教と結びつき、曇鸞、道綽等の浄土教に思想家を生んだ」と記している[103]。四苦八苦[104]から解脱し涅槃の境地に到ることをめざした釈尊の思想は、浄土思想において死後の世界すなわち来世信仰へと展開したのである。

4　終末期ケア

神話の世界もイデアも浄土も、人間の住む現世を超越した世界を見ることによって人間に生きる拠り所を与えようとした。他方、現代においては、死に直面している者にも生きる拠り所を与えようとする理念と実践がある。特に、末期癌など余命いくばくもない患者に人間としての尊厳と安息に満ちた時間を与えようとして始められたホスピス（ターミナルケア）がある。その方法としての緩和ケアが行われている。緩和ケアとは、

> 治癒を目指した治療が有効でなくなった患者に対する積極的な全人的ケアである。痛みやその他の症状のコントロール、精神的、社会的、そして霊的問題の解決が最も重要な課題となる。緩和ケア目標は、患者とその家族にとってできる限り可能な最高のQOLを実現することである。

---

(98)　厭離穢土（おんりえど）
(99)　大乗仏教の経典に登場する仏で、西方に極楽浄土を持つという。東方に浄土を持つのは薬師如来。
(100)　欣求浄土（ごんぐじょうど）
(101)　天人五衰
(102)　浄土には10の喜び（十楽）がある。
(103)　梅原猛『地獄の思想』中央公論新社、1967年、76頁。
(104)　生、老、病、死、愛別離苦（あいべつりく）、怨憎会苦（おんぞうえく）、求不得苦（ぐふとくく）、五蘊盛苦（ごうんじょうく）。

末期だけでなく、もっと早い病期の患者に対しても治療と同時に適用すべき点がある。[(105)]

と世界保健機構（WHO）は1990年に定めている。

通常、ホスピスは、医師と牧師とカウンセラーとの協同で行われる。カウンセラーとして多くの患者と話を交わし、死に至る患者の心理を研究したシカゴ大学のキューブラー・ロスは、その事例研究を「死に至る５段階」にまとめた。すなわち、医師から病名を宣告されてから死に至るまでの患者の所作を５つの段階に類型化したのである。その第一は、否認である。インタビューした200名以上の患者のほとんどが、病名を宣告されたとき「違います。僕違います。それは真実ではあり得ない」と否認するという。しかし、否認しても事態が好転しないと理解した時に来る次の段階は怒りである。「どうして私なんだ」と病気に対する怒りを表す。その後、短期間であるが取り引きが行われる。「もしわれわれがおとなしく嘆願するならば、神はもっと恵みを与えてくれるかもしれない」などと自問自答する。それも適わないことを知ると、患者は抑鬱状態になる。喪失感は容姿への喪失に反応することもある。やがて、それまでの闘争が終了し、抑鬱も怒りもない運命を受容する段階へと至る。それは、周囲への感謝の言葉を残すなど麗しい最終段階である。誰もが必ずしもこの５段階を踏むというわけではないが、多くの症例をそのような５段階にまとめることができるという。

ある患者は、27歳の母親で３人の子どもを残して死のうとしていた。その彼女が別の患者に「あんたネ、この部屋に入ってきて、これが神の意思だなんていわないでくださいね。この苦痛のなかで、いっときでも生きていてごらんなさい。こんなに苦しんでいるときに、だれだって砂糖衣をかけてや

（105） Palliative care is the active total care of patients whose disease is not responsive to curative treatment. Control of pain, of other symptoms, and of psychological, social and spiritual problems is paramount. The goal of palliative care is achievement of the best possible quality of life for patients and their families. Many aspects of palliative care are also applicable earlier in the course of the illness, in conjunction with anticancer treatment（WHO 1990).〔日本ホスピス緩和ケア協会ホームページ www.hpcj.org/what/definition.html より〕

ることなんてできないんですからね！」と言ったという。怒りの段階にいたのである。言われた患者は、次のように牧師と医者に告げた。「苦しんでいるときは、苦しさを知らん顔してみているよりも、なにか余計な気休めをいうよりも、ただ『お苦しいのね』といった共感のひと言だけが千金の価値があるのです。自分のいまの痛み、苦しみをだれかがわかってくれている。それだけでよいのです[(106)]」。怒りの場面に関するこの会話を読むとき、イエス・キリストの言葉「疲れた者、重荷を負う者は、だれでもわたしのもとに来なさい。休ませてあげよう[(107)]」が想起させられる。

死ぬ瞬間の比喩的描写は旧約聖書のコヘレト12章に記されている。

[1] 青春の日々にこそ、お前の創造主に心を留めよ。
苦しみの日々が来ないうちに。
「年を重ねることに喜びはない」と
　言う年齢にならないうちに。
[2] 太陽が闇に変わらないうちに。
月や星の光がうせないうちに。
雨の後にまた雲が戻って来ないうちに。
[3] その日には
家を守る男も震え、力ある男も身を屈める。
粉ひく女の数は減って行き、失われ
窓から眺める女の目はかすむ。
[4] 通りでは門が閉ざされ、粉ひく音はやむ。
鳥の声に起き上がっても、歌の節は低くなる。
[5] 人は高いところを恐れ、道にはおののきがある。
アーモンドの花は咲き、いなごは重荷を負い
アビヨナは実をつける。
人は永遠の家へ去り、泣き手は町を巡る。
[6] 白銀の糸は断たれ、黄金の鉢は砕ける。

---

(106) E. キューブラー＝ロス『死ぬ瞬間』読売新聞社、1971年、107頁。
(107) マタ 11：28

泉のほとりに壺は割れ、井戸車は砕けて落ちる。
[7] 塵は元の大地に帰り、霊は与え主である神に帰る。

「青春の日々[108]」は、その文脈において次の３つと対照されている。

（１）苦しみの日々が来ないうちに。
（２）「年を重ねることに喜びはない」と言う年齢にならないうちに。
（３）太陽が闇に変わらないうちに。月や星の光がうせないうちに。
　　雨の後にまた雲が戻って来ないうちに。

（１）の「苦しみの日々」は、「青春の日々」と対照され、その苦しみの詳述が（２）である。若さの対照である老いの苦しみとは、体の痛みのような苦しみではなく「年を重ねることに喜びはない」という苦しみであるという。老いに関する（３）の比喩的表現、すなわち、太陽が闇に変わり月や星の光が失せるとの表現は、雨の後にまた雲が戻ってくるとの表現で再述されている。死や葬式の様子や老人の視力低下の様子を暗示していると狭義に解するものもあるが、むしろ、「青春の日々」と対比される突然の死の到来が含意されていると解される。

続く12章3-5節の描写は、死という出来事の本質を理解させようとの意図での描写であると解される。すなわち、老人の足、腕、目、耳などの衰えていく様子が描写されている。ユダヤ人の慣習として、死んだ人はその死んだ日にすぐ埋葬されるとのことであるから、死と埋葬の記述は連続する出来事である[109]。5節の「永遠の家」の表現は、旧約聖書では唯一の表記であり、エジプトの墓の概念が反映されている[110]。5節に「泣き手」との記述もあるように、3-5節の描写は、老化という長い期間のことではなく葬式と埋葬の儀

(108) コヘ 12：1
(109) R. de Vaux, *Ancient Isarel* (N.Y.: McGraw-Hill, 1965), 1: 60.
(110) M. Dahood, “Canaanite-Phoenician Influence in Qoheleth,” *Biblica* 33 (1952): 216; M. Dahood, “Qoheleth and Recent Discoveries,” *Biblica* 39 (1958): 316; C. F. Whitley, *Koheleth: His Language and Thought*, Beihefte zur Zeitschrift für die alttestamentliche Wissenschaft, no. 148 (N.Y.: Walter de Gruyter, 1979), 100.

式を描写していると解される。

6–7節は、葬式と埋葬という死の外面的描写から漸進して、特に7節では、死の内面的描写もしくは死後の人間がどうなるのかが説明されている。コヘレトは、人間の死を肉体が塵に戻り、命の息が神に戻る出来事であると語る。それは、死が終わりではなく、生の始まりを導いた神に戻る現象であると説明されている。享楽的に若い日々を楽しんだ者に裁きを与え、神の意志に従って生きた者に救いを与えるという応報信仰が描写されているのではなく、死んだ者の戻るべき原点である創造者なる神が描かれている。若い日々を楽しむのは、この創造者なる神からの賜物としての楽しみである。コヘレトが「創造主に心を留めよ」と語る言葉には、創造の秩序の主体者に心を留めよとの意味が込められている。死は、創造者に戻る過程の一瞬に過ぎないのであって、むしろ肯定的に死を見る必要がある。死から目を背けたり、死に対して無理解のままに若い日々を楽しむのではなく、死を知り、それを受容することこそ真に生きることであり、生を楽しむことができると人生であると知恵者であるコヘレトは教えている。

5　降霊術

神話や哲学や終末期ケアは、現世から死を超越する世界の方向に沿っての言行であった。逆に、来世から現世への方向に沿っての所為もある。降霊（死霊召喚術）[(111)]である。降霊は、異界の霊が人間の世界に降りてくるとされる現象、もしくは、霊媒師などが霊を呼び寄せることと定義されている。

ジョン・ディー[(112)]という人物がいた。彼はイギリス・ロンドン生まれの学者で宮廷と密接な関係を持ち、その研究分野は、占星術、天文学、数学、光学、地理学、航海学、工学、さらに数秘術、錬金術など多岐にわたっている。評価が定まっていない人物ではあるが、錬金術を行うことがその評価を下げることはない。錬金術という言葉は、卑金属にさまざまな化学物質を加えて貴金属（金）に変容させようとする魔術的ないかがわしい行為と解されるかもしれない。今日の金属材料の研究や実験でも、るつぼに入れた金属に

（111）necromancy
（112）John Dee（1527-1609年）

さまざまな金属や物質を加えて熱して異なる合金、たとえば強磁性をもつ金属を作り出そうとしたりする。それと同じことを16世紀に行うならば人々から錬金術と言われかねない。錬金術は、当時の最先端の科学技術研究だった。しかし、ジョン・ディーは、その錬金の技法を降霊によって呼び出した諸霊の教示によって得ようとしたのである。

16世紀の英国では降霊は特異なことではない。諸霊から霊示を受ける技法をスクライング[(113)]と呼び、水の場合はハイドロマンシー[(114)]、鏡の場合はキャトプトロマンシー[(115)]、水晶の場合はクリスタロマンシー[(116)]と呼び厳密に区別するほどに盛んだった。ジョン・ディーが行ったのは水晶玉に現れる霊の幻影を見る方法だった。クリスタロマンシーは直接的に幻影が得られる方法だが、それを見る少年と術を司るスクライヤー[(117)]の2人が必要だった。ただし、後者には水晶玉の幻影が見えていない。ディーは後者の立場だった。1580年頃からディー（54歳）は盛んにクリスタロマンシーを行うようになる。1584年頃から8年間にわたり前者の役割を担ったのがエドワード・ケリー（26歳）だった。ケリーは、水晶玉の中にミカエルやウリエルなどの諸霊を見る。また、数字や文字や図からなる印章が示されるとそれを書写した。諸霊からは、印章図の読解方法も指示された。2人は諸霊の指示に従って行動するが、幻影を見た経験が1度しかないディーにとって、ケリーの霊視が本物か詐欺師かの疑いが絶えず去来した。しかし、霊によって与えられる印章図版が複雑精密であり、ケリーが即興で書いたとは思われない。霊示される知識から簡単に詐欺師と断定できないと思われた。そのような調子だった[(118)]。1659年に『精霊日誌』を著したアイザック・カソーボンは、ディーがよこしまな動機に駆られた人物ではなく、常に真摯で篤実な学徒であったことを認めたうえで、その序文に「ディー博士の犯した唯一の、ただし途方もなく

(113) scrying
(114) hydromancy
(115) catoptromancy
(116) crystallomancy
(117) scryer
(118) 横山茂雄『神の聖なる天使たち――ジョン・ディーの精霊召喚一五八一～一六〇七』研究社、2016年、95-99頁。

恐るべき過ちは、彼が虚言を発する偽りの霊を光の天使であると考え、地獄の悪魔を天国の神ととりちがえたことであった」と記している[(119)]。ディーの晩年は不遇で貧困の中で最期を迎えている。

旧約聖書にも霊媒に頼った人物が登場している。イスラエル王国を築いた3人の王、サウル、ダビデ、ソロモンは、良く知られている。後者2人の王は、欧米の人々の名前に用いられる程に敬愛されている人物だが、初代の王サウルだけは命名する人がほとんどいない。なぜなら、彼は失敗者だからである。失敗者の歴史は貴重で学ぶ必要がある。なぜなら、名君ダビデや賢王ソロモンのような人物になるのは至難の業だが、サウルの失敗は誰にでも起きる可能性があるからだ。サウル王は3つの失敗を犯した。神の御旨を政治に反映させるという使命をないがしろにし、神の言葉より物欲を優先させ、嫉妬するほどに民衆の評判を気にし、神ではなく霊媒に頼るなど、道を踏み外してしまったのである。最後の事例が、サムエル記上に記されているサウル王とエン・ドルの口寄せ女の場面である。

> サウルは主に託宣を求めたが、主は夢によっても、ウリムによっても、預言者によってもお答えにならなかった。サウルは家臣に命令した。「口寄せのできる女を探してくれ。その女のところに行って尋ねよう」。家臣は答えた。「エン・ドルに口寄せのできる女がいます」。サウルは変装し、衣を替え、夜、二人の兵を連れて女のもとに現れた。サウルは頼んだ。「口寄せの術で占ってほしい。あなたに告げる人を呼び起こしてくれ」。女は言った。「サウルのしたことをご存じでしょう。サウルは口寄せと魔術師をこの地から断ちました。なぜ、わたしの命を罠にかけ、わたしを殺そうとするのですか」。サウルは主にかけて女に誓った。「主は生きておられる。この事であなたが咎を負うことは決してない」。女は尋ねた。「誰を呼び起こしましょうか」。「サムエルを呼び起こしてもらいたい」と彼は頼んだ。その女は、サムエルを見ると、大声で叫び、サウルに言った。「なぜわたしを欺いたのですか。あなたはサウルさま

（119）同17頁。

ではありませんか」。王は言った。「恐れることはない。それより、何を見たのだ」。女はサウルに言った。「神のような者が地から上って来るのが見えます」。サウルはその女に言った。「どんな姿だ」。女は言った。「老人が上って来ます。上着をまとっています」。サウルにはそれがサムエルだと分かったので、顔を地に伏せ、礼をした。サムエルはサウルに言った。「なぜわたしを呼び起こし、わたしを煩わすのか」。サウルは言った。「困り果てているのです。ペリシテ人が戦いを仕掛けているのに、神はわたしを離れ去り、もはや預言者によっても、夢によってもお答えになりません。あなたをお呼びしたのは、なすべき事を教えていただくためです」。

(サム上 28：6-15)

サウル王が禁じていたことは、申命記などに記されてある神の律法の決まりでもあった。[(120)]

あなたが、あなたの神、主の与えられる土地に入ったならば、その国々のいとうべき習慣を見習ってはならない。あなたの間に、自分の息子、娘に火の中を通らせる者、占い師、卜者、易者、呪術師、呪文を唱える者、口寄せ、霊媒、死者に伺いを立てる者などがいてはならない。これらのことを行う者をすべて、主はいとわれる。これらのいとうべき行いのゆえに、あなたの神、主は彼らをあなたの前から追い払われるであろう。あなたは、あなたの神、主と共にあって全き者でなければならない。あなたが追い払おうとしているこれらの国々の民は、卜者や占い師に尋ねるが、あなたの神、主はあなたがそうすることをお許しにならない。

(申 18：9-14)

サウルは、古代オリエントやカナン地方で行われていた死者への口寄せが機能することを知っていたゆえに、口寄せを禁じたと推察される。たとえば、太陽神シャマシュは死者の霊を呼び起こす神と記されている。[(121)] サムエ

(120) 申 18：11、レビ 19：31、20：6、27

(121) David Toshio Tsumura, *The First Book of Samuel* (Grand Rapids, Michigan:

ルを見て口寄せの女は驚き恐れ大声を出す。おそらく、サムエルの姿がこれまで呼び出した死者の霊と異なる姿だったからであろう。他方、サウルは死者の霊サムエルを拝むことなく、生前のように預言者サムエルに語りかけている。主をのみ神とする根本的信仰姿勢は部分的に保たれていたのだろう。しかし、死者の霊から何の有効な示唆は得られず、主の言葉から離れて行くサウル王の歩みは破滅へと向かう。

6　偽預言

1999年の7月は、ある人々にとっては騒々しい月だった。ノストラダムスの『予言書』に1999年の7月が世の終わりであると予言されている、と信じる人々がいたのである。関係の書籍も書店に平積みされていた。当時講義を担当していた「キリスト教学」の受講生約150名に聞いたところ、「七月に何か起きると思う」とか「絶対世の終わりが来る」などニュアンスの違いはあるものの、約17%の学生が信じていると答えた。これは見過ごすことのできない割合である。そこでかれらの信じている予言を調べてみた。ノストラダムスの『予言書（Propheteties）』の第10章72に四行詩形式で「一九九九年の七ヶ月／天から驚くほど強い恐ろしい王がやってきて／アンゴルモアの大王をよみがえらせ／その前後火星はほどよく統治するだろう」[122]と記されている。ノストラダムスの1000ほどの四行詩の中で日付が記されている詩は7つあるが、そのうちの6つは過去の時代になっていた。それらとてかなり強引な読み替えを施さなければフランス周辺の出来事と関連させられないと酷評されていた。問題は、残された1つの日付の記載のある予言だった。1999年7月に関する予言であると考えられた。特に、2行目の「天から驚くほど強い恐ろしい王がやってきて」に関して様々な解釈が提示された。たとえば、コンピューター2000年問題による世界規模のパニックの生起、土星探査機カッシーニの地球落下によるプルトニウム汚染被害、小惑星

Eerdmans, 2007), 623.

(122) ミカエル・ノストラダムス『ノストラダムス大予言原典諸世紀』ヘンリー・C. ロバーツ編、大乗和子訳、たま出版、1975年、302頁。

ヴェルハラの地球衝突などが想定され人々を不安がらせた[123]。ノストラダムス好きの研究者による予言的中率10%を超える確率でこれらの想定は否定されていた。しかし、地球的規模の滅亡を信ずる者が多くいたのである。

キリスト教徒となったユダヤ人医師のノストラダムス（1503-66年）は、妻子をペストで亡くしていた。その後、医学の一分野である占星術による心の癒しに専念しつつ、『アルマナック（天測暦）』を著述するなかで政治に関する予想などを書き始める。やがて、カバラや四行詩の技法を駆使して『予言書』を完成させたのである。ノストラダムスは、旧約聖書の預言（prophecy）を意識してか自分の著書を『Propheteties』と名付けた。それが彼の著書の問題点を浮き彫りにするのである。すなわち、旧約聖書では、預言（prophecy）と予言（foretelling）とは区別される。預言は、神から預かった言葉のことであり、人間の能力を駆使して作り上げた言葉とは一線を画す。神は将来の事柄に関する言葉をも預言者に授けるので、預言者の預言には予言も含まれる。問題は、神ではなく人間の能力を起源とする予言や預言との区別である。すなわち、偽預言者問題である。たとえ預言の体裁を整えていても人間の智恵や能力で書かれた言葉は偽預言と判定される。そのような偽預言の言葉に人生を委ねる訳にはいかないのである。

旧約聖書には、預言者エレミヤが偽預言者ハナンヤと対決したときの様子が以下のように記載されている。

> その同じ年、ユダの王ゼデキヤの治世の初め、第四年の五月に、主の神殿において、ギブオン出身の預言者、アズルの子ハナンヤが、祭司とすべての民の前でわたしに言った。
>
> 「イスラエルの神、万軍の主はこう言われる。わたしはバビロンの王の軛を打ち砕く。二年のうちに、わたしはバビロンの王ネブカドネツァルがこの場所から奪って行った主の神殿の祭具をすべてこの場所に持ち帰らせる。また、バビロンへ連行されたユダの王、ヨヤキムの子エコンヤおよびバビロンへ行ったユダの捕囚の民をすべて、わたしはこの場所

(123) 趙顯黄『ノストラダムス一九九九年七月二十六日十七時』小倉博史監修、ルー出版、1999年、66-67頁。

へ連れ帰る、と主は言われる。なぜなら、わたしがバビロンの王の軛を打ち砕くからである」。

そこで、預言者エレミヤは主の神殿に立っていた祭司たちとすべての民の前で、預言者ハナンヤに言った。預言者エレミヤは言った。

「アーメン、どうか主がそのとおりにしてくださるように。どうか主があなたの預言の言葉を実現し、主の神殿の祭具と捕囚の民すべてをバビロンからこの場所に戻してくださるように。だが、わたしがあなたと民すべての耳に告げるこの言葉をよく聞け。あなたやわたしに先立つ昔の預言者たちは、多くの国、強大な王国に対して、戦争や災害や疫病を預言した。平和を預言する者は、その言葉が成就するとき初めて、まことに主が遣わされた預言者であることが分かる」。

すると預言者ハナンヤは、預言者エレミヤの首から軛をはずして打ち砕いた。そして、ハナンヤは民すべての前で言った。

「主はこう言われる。わたしはこのように、二年のうちに、あらゆる国々の首にはめられているバビロンの王ネブカドネツァルの軛を打ち砕く」。

そこで、預言者エレミヤは立ち去った。

（エレ 28：1-11）

外見的な振る舞いや「……と主は言われる」との言葉遣いは、エレミヤもハナンヤも同じだった。しかし、預言の内容は正反対だ。エレミヤは、バビロニアが攻めてきてユダを滅ぼすと語り、ハナンヤは、バビロニアが滅びユダは安寧であると語ったのである。どちらも主の言葉を語っているように響いてくる。どちらを真の預言として信頼すれば良いのだろうかと民衆は迷ってしまう。平和の預言は偽預言であると言われても、祖国の滅亡よりは安寧の預言に心引かれるのが人情だ。預言の成就によって判断するといっても、預言の成就が何年か先の場合もある。このように事態が揺れ動いている時に、なんと、真の預言者エレミヤは静かにその場から立ち去るのである。「そこで、預言者エレミヤは立ち去った」（新共同訳）と訳出されているが、原文の直訳は、「そして、預言者エレミヤは、彼の道を歩んだ[124]」である。

ユダヤ人は、特に、偽の預言か真の預言かを判断する時、即断することなく、「わたしが報復し、報いをする、彼らの足がよろめく時まで。彼らの災いの日は近い。彼らの終わりは速やかに来る[125]」の言葉が暗示するように、成り行きを主に委ねることがある。その姿勢は、新約聖書においても次のとおり継承されている。

> 愛する人たち、自分で復讐せず、神の怒りに任せなさい。「『復讐はわたしのすること、わたしが報復する』と主は言われる」と書いてあります。
> （ロマ 12：19）

> 「復讐はわたしのすること、わたしが報復する」と言い、また、「主はその民を裁かれる」と言われた方を、わたしたちは知っています。生ける神の手に落ちるのは、恐ろしいことです。
> （ヘブ 10：30-31）

真の預言者か偽の預言者かの判断は、預言を聞く民衆には難しい。しかし、預言者自身には容易だった。なぜなら、自分が語っている言葉が、主から告げられた言葉か自分自身の知恵や悪霊から出ている言葉かを自分自身が一番良く知っていたからである。主は、民を惑わす者として偽預言者を以下のように厳しく非難している。

> わたしは、わが名によって偽りを預言する預言者たちが、「わたしは夢を見た、夢を見た」と言うのを聞いた。いつまで、彼らはこうなのか。偽りを預言し、自分の心が欺くままに預言する預言者たちは、互いに夢を解き明かして、わが民がわたしの名を忘れるように仕向ける。……それゆえ、見よ、わたしは仲間どうしでわたしの言葉を盗み合う預言者たちに立ち向かう、と主は言われる。見よ、わたしは自分の舌先だけで、その言葉を「託宣」と称する預言者たちに立ち向かう、と主は言われ

(124) וַיֵּלֶךְ יִרְמְיָה הַנָּבִיא לְדַרְכּוֹ
(125) 申 32：35

る。見よ、わたしは偽りの夢を預言する者たちに立ち向かう、と主は言われる。彼らは、それを解き明かして、偽りと気まぐれをもってわが民を迷わせた。わたしは、彼らを遣わしたことも、彼らに命じたこともない。彼らはこの民に何の益ももたらさない、と主は言われる。

（エレ 23：25-32）

やがて、預言者エレミヤに以下のように主の言葉が臨むのである。

「行って、ハナンヤに言え。主はこう言われる。お前は木の軛を打ち砕いたが、その代わりに、鉄の軛を作った。イスラエルの神、万軍の主はこう言われる。わたしは、これらの国すべての首に鉄の軛をはめて、バビロンの王ネブカドネツァルに仕えさせる。彼らはその奴隷となる。わたしは野の獣まで彼に与えた」。

更に、預言者エレミヤは、預言者ハナンヤに言った。「ハナンヤよ、よく聞け。主はお前を遣わされていない。お前はこの民を安心させようとしているが、それは偽りだ。それゆえ、主はこう言われる。『わたしはお前を地の面から追い払う』と。お前は今年のうちに死ぬ。主に逆らって語ったからだ」。（エレ 28：12-17）

「預言者ハナンヤは、その年の七月に死んだ」と記されている。

7　臨死体験

肉体的な死を宣告され、その後、奇跡的に死から蘇生した者の証言、すなわち臨死(126)の体験報告がある。現世から来世の方向でなく、来世から現世の方向でもない、死後の世界を垣間見てきた体験的証言である。立花隆が1991年8月から約1年間『文藝春秋』に「臨死体験」を連載し、1994年に文藝春秋社から『臨死体験』上下巻を上梓したことによって臨死体験が日本でも広く知られるようになった。立花は、次のように記す。

（126） near death

日本では「大霊界」という映画を作った映画俳優の丹波哲郎氏など、臨死体験に関して発言をつづけている人々も一部にはいるが、その発言内容があまりにオカルトがかっているので、オカルト好きの人々以外からは、あまりまともに相手にされてこなかったというのが実情である。しかし、アメリカでは、1970年代に入ってから、後述するキューブラー・ロスとレイモンド・ムーディの研究をきっかけに、臨死体験を真面目に学問的研究の対象にしようという動きが芽生え、現在では、心理学者、精神・神経医、脳生理学者、宗教学者、文化人類学者、哲学者など多方面の学者がこの研究に関心を寄せ、国際的な研究団体が組織され、研究誌まで発刊されるにいたっている。この動きはヨーロッパにも波及し、イギリス、フランス、北欧などでも研究が盛んになり、1990年には、ワシントンのジョージタウン大学で、十三カ国から三百人の研究者と体験者を集めて、臨死体験研究の第一回国際会議まで開かれた。[127]

立花隆の『臨死体験』は、臨死体験者の体験談を収載したものであるが、臨死体験に関する体験報告と若干の分析が既に米国の医師レイモンド・A. ムーディ Jr. によって著書 *Life after Life* として出版され、1977年に評論社より邦訳『かいまみた死後の世界』が出版されていた。その著書の中でムーディは、臨死体験の研究を始めるきっかけとなった出来事を次のように記している。

ある日、授業のあとで、一人の学生がやってきて、霊魂の不滅について話し合いたいのだがかまわないだろうかと言った。その学生の祖母が、手術の最中に「死んだ」ことがあり、その時の非常に驚くべき体験を話してくれたので、この問題に大変関心を持っているのだと言うのである。わたしはその話を聞かせてくれと頼んだ。すると驚いたことに、その学生が話してくれたことは、何年か前にあの精神医学の教授から聞いた話と、ほとんど同じ内容だったのである。[128]

(127) 立花隆『臨死体験』上、文藝春秋、1994年、10頁。
(128) レイモンド・A. ムーディ Jr.『かいまみた死後の世界』評論社、1977年、25頁。

他方、1970年に心臓専門医を目指して医師のインターン研修を始めたマイクル・B. セイポムは、救急センターで多くの仮死状態の患者を診ていた。その時の彼の考えは、次のようなものだった。

> その後しばらく、医師としての研修に必要なお決まりの仕事に心を奪われ、死がいかなるものかあまり深く考えるだけの余裕はなかった。医師として私は、人間を生かし続けるよう教育されていた。生を停止した者の運命に心を巡らすのは、私の仕事ではなかったのである。その頃、お前は死をどう考えているかと問われたなら、死とともに人間は消滅し、この世から消えてなくなると答えたことであろう。私は、定期的に教会に通う家族のもとで育てられたが、宗教の教えと科学の教えとは、この世で正しい行いを続け、死に対する不安を和らげるうえでは有効だが、こうした教えは主観的かつ非科学的なものにすぎなかった。非科学的な態度こそ私の最も嫌うところであった。何年もの間、医学的修行を積んだおかげで、実験室で正確な観察や研究を行い科学的な手法を用いさえすれば、未解決のさまざまな問題は、すべてとは言えないまでも大半が結局は解決されるはずだという確信を抱いていた。したがって、説明不能な現象などは存在せず、あるのは、解明される時を待つ「科学的事実」だけであり、適切な科学的研究を行いさえすれば、その解は必ずや見つかるはずだと、信じて疑わなかったのである[129]。

そのセイポムが、ある日、同僚の医師からレイモンド・ムーディの『かいまみた死後の世界』を紹介され、臨死体験の患者から話を聞くに及んで、ムーディの残した課題を科学的研究によって解明しようと試みたのである。セイポムは、死を経験した患者から聞き取り調査を行った。死の定義として、ソビエトの科学者ネゴフスキーの次のような「臨床死」の定義を適用した。

---

(129) マイクル・B. セイポム『「あの世」からの帰還――臨死体験の医学的研究』日本教文社、2005年、3頁。

臨床死とは、外部から観察できる生命のあらゆる兆候（意識、反射、呼吸、心臓の鼓動）はすべて喪失しているが、生体全体としては死に至っていない状態をさす言葉である。この状態にある時には、組織の代謝活動はまだ行われており、条件さえ整えばその機能は完全に回復する可能性がある。つまりこの状態は、適切な治療さえ行えば旧に復しうる状態なのである。臨床死の状態にある生体は、そのまま放置されればもはや後戻りできない状態に陥ってしまう。つまり生物学的死である。臨床死から生物学的死への移行は、断絶があると同時に連続的な過程でもある。最初の段階でも、中枢神経系をはじめとする生体の機能をすべて完全に回復することはできない。回復しても大脳皮質の機能が一部破壊されてしまうのである。この生体は、自然状態では存続をすることはできない。次に、人工的な条件のもとでも、ごく一部の器官しか活動を再開できない段階に至るが、さらに進むと、それももはや不可能な状態となる。生物学的死に陥ると、死亡した生体特有の代謝活動の崩壊が始まる。……数名の研究者によって蓄積された相当量の実験的データを見ると、いったん臨床死に陥った成人の生体がその後回復したとして、大脳皮質の機能が完全に回復するためには、臨床死に陥っていた時間が長くとも五、六分を超えてはならないようである。[130]

この臨床死の定義では、脳死の場合の取り扱いが難しくなるために、セイボムは、身体的臨死、すなわち突発的な者であるか否かを問わず、大半の場合不可逆的な生物学的死を招来すると十分予測され、緊急の医学的処置が必要とされる程度の生理学的破局に起因する身体的状態に陥った経験を持つ者、たとえば、心停止、重傷、代謝障害、全身性疾患に起因する深い昏睡状態などを経験した者にインタビュー調査を試みたのである。インタビューの内容は、次のようなムーディが分類している10項目の臨死体験の特徴だった。[131]

（130）同13-14頁。
（131）同17-19頁。

1　自分が死んだという感じ。患者がその体験を死んだと表現するか、
2　主な感情内容。穏やかな気分、安らかな気分、恐怖感などがあったか、
3　肉体から離れる感じ。幽体離脱感があったか、
4　事物や出来事を見聞きしたか。意識不明の間に部屋の中の出来事を見聞できたか、
5　暗い空間。暗い空間を移行したか、
6　走馬灯体験。自分の一生を走馬灯のように見たか、
7　光。明るい光と出会ったか、
8　超俗的世界に入る事。別の世界もしくは次元に入ったか、
9　別の存在との出会い、他の霊的存在を感じたか、
10　肉体に再び戻る、自分の意志で蘇生したかなど。

セイボムは、インタビューの結果に様々な医学的見地からの検討を加え論考し、臨死体験の科学的解明がまだ途上であると記して著書を結んでいる。他方、麻酔・蘇生医師として25年間救命救急現場で働いたフランス蘇生学協会会員のジャン＝ジャック・シャルボニエは『「あの世」が存在する7つの理由』を著し、次のように記している。

ここまで、死後の世界を信じるための確かな理由がすでに存在していることをご紹介してきました。正確には七つの理由です。ただ問題なのは、どうやってこれを広めるかということでしょう。懐疑派や否定派の人々は、ときに、無知から、重要な情報を広まるのを妨害しようとします。ですから私は、人々の理解が本書によってさらに深まって行くことを願っています。理解が深まったその先には、「愛」と「寛容」の未来が待っています。[(132)]

臨死体験と死後の命の研究は、体験談を蒐集し分析するという始まったば

(132)　ジャン＝ジャック・シャルボニエ『「あの世」が存在する7つの理由』サンマーク出版、2013年、175-76頁。

かりの段階である。症例を集める研究方法に関しメルヴィン・モース医師は次のような印象深い理由を記述している。

> 飲料水にフッ素を添加する虫歯予防法もまた、事例研究によって推進された科学的進歩の一例である。予防歯科学におけるこの革命的進歩は、テキサスの子供たちには不思議なことに虫歯がないという調査報告から始まったものだった。一介の地元の歯科医が、飲料水におけるミネラル濃度と関係があると述べたときには、一笑に付された。それから数十年を経た現在、彼の事例研究は、現代の偉大な医学的進歩の礎石となった先駆的研究であると認められているのだ。さらに、心臓発作の予防薬としてのアスピリンの使用もまた、事例研究あってこそ得られた成果である。今や、あまねく歓迎されているこの予防法も、最初は一人の開業医によって発見されたのだ。この医師は、関節炎の治療にアスピリンを用いている患者は一般の人に比べ心臓発作に見舞われることが少ないことに気づいた。事例に基づくこの情報は今では充分科学的に確認されているし、既に何万もの人々の命を救ってきたのだ。事例研究が有効であるとの認識からわたしは、自分から照会してきた患者の幼時の臨死体験について面接して調べるという研究法を編み出した。[133]

2008年、細菌性髄膜炎に罹患し集中治療室に搬送され昏睡状態が6日間も続く患者には早期回復の希望もなかった。しかし、7日目に突然奇跡的に意識を戻し、病気から完全回復した。その患者がハーバード・メディカル・スクールで長らく脳神経外科医として治療と研究に従事してきた医師エベン・アレグザンダーだった。しかも、彼は、臨死体験をし、価値観を一変させ、死後の世界の存在を確信した医師である。彼は、次のように語る。

> 医療活動や神経外科医の責務から離れたわけではない。だが、脳や肉体の死が命の終わりを意味しないことを知る幸運に恵まれたことで、肉体

---

(133) メルヴィン・モース『臨死体験　光の世界に』立花隆監修、TBSブリタニカ、1997年、203-204頁。

とこの世界を超えて見てきたことを伝えなくてはならない、それが自分の責務であると考えている[(134)]。

現代における死後の命に関する科学的探求は、速度を早めて進みつつあると言える。

(134) エベン・アレグザンダー『プルーフ・オブ・ヘヴン』早川書房、2013年、20頁。

Ⅲ　永遠の命

1　イエス・キリスト

「永遠の命」の用語が邦訳旧約聖書（新共同訳）に記されているのは、申命記32章40節が唯一である。他の邦訳と英訳も合わせて以下に引用する。

わたしは手を天に上げて誓う。「わたしの永遠の命にかけて」　〈新共同訳〉
わたしは天にむかい手をあげて誓う、「わたしは永遠に生きる」。〈口語訳〉
まことに、わたしは誓って言う。「わたしは永遠に生きる」。〈新改訳3版〉
まことに、わたしは誓って言う。「わたしは永遠に生きる」。〈新改訳2017〉
For I lift up my hand to heaven, and say, I live for ever.
〈King James Version〉
For I raise My hand to heaven, And say, “As I live forever,
〈New King James Version〉

当該箇所の旧約聖書原文は以下の通りである。なお、ヘブル語は右から左へと書くので、右から順に読むことになる。ヘブル語の単語の意味が把握できるように、単語に対応する英語と日本語を下欄に付した。

לְעֹלָם	אָנֹכִי	חַי	וְאָמַרְתִּי	יָדִי	אֶל־שָׁמַיִם	כִּי־אֶשָּׂא
for ever	I	alive	and I say	my hand	to heaven	for I raise
永遠に	私は	生きている	私は言う	私の手を	天へ	私は上げる

原文は、「永遠の命」という名詞節ではなく、「私は永遠に生きる」との文章になっている。

旧約聖書には、主が生きていることを語り、[135] 神自身が誓う場面が少なからず記されている。[136]

彼らに言うがよい。「主は言われる。わたしは生きている。わたしは、お前たちが言っていることを耳にしたが、そのとおり、お前たちに対して必ず行う」。(民14：28)

わたし［主］が手を上げて誓い、あなたたちを住まわせると言った土地に入ることはない。ただし、エフネの子カレブとヌンの子ヨシュアは別だ。

(民14：30)

申命記32章40節における「わたし」とは「神ご自身」のことである。[137] 誓約の中に誓約を破る場合の呪いの言葉を記す場合があるが、対照的に誓約を遵守する者に与えられる「長寿であるように」との祝福の言葉を記す場合もある。祝福を伴う誓約は古代オリエントの誓約文にも存在する。[138] 誓約の定型表現として「わたしの永遠の命にかけて」と訳出することも可能であろうが、旧約聖書で唯一の事例である申命記32章40節においては、原文を反映させる翻訳「わたしは永遠に生きる」が妥当と考える。

他方、新約聖書には、名詞句「永遠の命」[139]が47回記されている。[140] 以下の

(135) 民14：21、28、イザ49：18、エレ22：24、46：18、エゼ5：11、14：16、18、20、16：48、17：16、19、18：3、ゼファ2：9など

(136) 出6：8、民14：30、詩106：26、エゼ20：5、6、15、23、28、42、36：7、44：12、47：14

(137) Brown-Driver-Briggs, *A Hebrew and English Lexicon of the Old Testament Dictionary* (Oxford: Clarendon Press, 1976), 311. たとえば、出6：8、民14：30、詩106：26、エゼ20：5、6、15、23、28、42、36：7、44：12、47：14など。

(138) Manfred R. Lehman, "Biblical Oath," *Zeitschrift für die Alttestamentliche Wissenschaft* 81 (1969): 83-85.

(139) ζωή αἰώνιος

(140) マタ19：16、29、25：46、マコ10：17、10：30、ルカ10：25、18：18、30、ヨハ3：15、16、36、4：14、36、5：24、39、6：27、40、47、54、68、10：28、12：25、50、17：2、3、使13：46、48、ロマ2：7、5：21、6：22、23、ガラ6：8、Ⅰテ

引用箇所に記述されているとおりイエス・キリストとの関連において頻出している。

これを聞いた人々が、「それでは、だれが救われるのだろうか」と言うと、イエスは、「人間にはできないことも、神にはできる」と言われた。するとペトロが、「このとおり、わたしたちは自分の物を捨ててあなたに従って参りました」と言った。イエスは言われた。「はっきり言っておく。神の国のために、家、妻、兄弟、両親、子供を捨てた者はだれでも、この世ではその何倍もの報いを受け、後の世では永遠の命を受ける」。

（ルカ 18：26-30）[141]

「神の国のために、家、妻、兄弟、両親、子供を捨てた者」の「捨てる」の用語[142]には「諦める、捨てる、許す、放す」など多様な意味が包含されている。当該箇所では、「神の国」と「家、妻、兄弟、両親、子供」が対照されている。ヘブル的表現では、「家族関係」よりも「神の国」を重要視することを意味するのに対極の表現の「捨てる」を用いて表現したと考えられる。類例として、創世記 29 章 30-31 節においてヤコブとレアとラケルの関係が 2 とおりの表現で記されていることが挙げられる。

こうして、ヤコブはラケルをめとった。ヤコブはレアよりもラケルを愛した。そして、更にもう七年ラバンのもとで働いた。主は、レアが疎んじられているのを見て彼女の胎を開かれたが、ラケルには子供ができなかった。

（創 29：30-31）

ヤコブが「レアよりもラケルを愛している」ことを、「レアが疎んじられ

モ 1：16、6：12、テト 1：2、3：7、Ｉヨハ 1：2、2：25、3：15、5：11、13、20、ユダ 21

（141）マコ 10：26-31 参照。

（142）ἀφίημι

ている」と表現されている。原文直訳は「彼はレアを嫌った」[143]である。すなわち、「少なく愛されていること」を対極の表現を用いて「嫌っている」と描写している。他の例証としては、「もし、だれかがわたしのもとに来るとしても、父、母、妻、子供、兄弟、姉妹を、更に自分の命であろうとも、これを憎まないなら、わたしの弟子ではありえない」[144]を挙げることができる。イエス・キリスト以上に家族を重要視し優先させる者はイエス・キリストの弟子にはなり得ないとの意味が表現されているのであって「憎む」の具体的行動が含意されているわけではない。ルカ18章の「神の国のために、家、妻、兄弟、両親、子供を捨てた者」の意味として、「神の国をなによりも重要視し優先する」が含意されていると解し得るのである。それゆえ、モーセの十戒の第5戒「父母を敬え」[145]と矛盾することはない。

さて、「この世ではその何倍もの報いを受け、後の世では永遠の命を受ける」の「この世」と「後の世」という対照表現は、下記の箇所が例証するように、現世と来世のことである。

> イエスは言われた。「この世の子らはめとったり嫁いだりするが、次の世に入って死者の中から復活するのにふさわしいとされた人々は、めとることも嫁ぐこともない。この人たちは、もはや死ぬことがない。天使に等しい者であり、復活にあずかる者として、神の子だからである」。
> （ルカ 20：34-35）

永遠の命は、来世において与えられる命である。来世における「永遠の命」の反対は、「永遠の火」[146]、「永遠の罰」[147]、「神の怒り」[148]である。以下に示すとおりローマの信徒への手紙6章19-23節では、「主キリスト・イエスによる永遠の命」が「神の賜物」であると説明されている。

---

(143) וַיַּרְא יְהוָה כִּי־שְׂנוּאָה לֵאָה
(144) ルカ 14：26
(145) 出 20：12
(146) マタ 18：8
(147) マタ 25：46
(148) ヨハ 3：36

あなたがたの肉の弱さを考慮して、分かりやすく説明しているのです。かつて自分の五体を汚れと不法の奴隷として、不法の中に生きていたように、今これを義の奴隷として献げて、聖なる生活を送りなさい。あなたがたは、罪の奴隷であったときは、義に対しては自由の身でした。では、そのころ、どんな実りがありましたか。あなたがたが今では恥ずかしいと思うものです。それらの行き着くところは、死にほかならない。あなたがたは、今は罪から解放されて神の奴隷となり、聖なる生活の実を結んでいます。行き着くところは、永遠の命です。罪が支払う報酬は死です。しかし、神の賜物は、わたしたちの主キリスト・イエスによる永遠の命なのです。　（ロマ 6：19-23）

「永遠の命」は「罪が支払う報酬」の「死」と対照されている。すなわち、終わりの日においても復活させられることのない終末的永遠の滅びである第二の死と対照されている[(149)]。律法の専門家[(150)]や議員[(151)]が「何をしたら、永遠の命を受け継ぐことができるでしょうか」と尋ねた命とは、神から賜わる来世における永遠の命のことだった。

イエス・キリスト自身が永遠の命でありその授与者であることは、以下のように告知されている。

あなたたちは聖書の中に永遠の命があると考えて、聖書を研究している。ところが、聖書はわたしについて証しをするものだ。（ヨハ 5：39）

シモン・ペトロが答えた。「主よ、わたしたちはだれのところへ行きましょうか。あなたは永遠の命の言葉を持っておられます」。（ヨハ 6：68）

---

(149) 「わたしの肉を食べ、わたしの血を飲む者は、永遠の命を得、わたしはその人を終わりの日に復活させる」(ヨハ 6：54)。松永希久夫「死」『新約聖書神学事典』教文館、1991 年、231-33 頁。

(150) ルカ 10：25

(151) ルカ 18：18

わたしの羊はわたしの声を聞き分ける。わたしは彼らを知っており、彼らはわたしに従う。わたしは彼らに永遠の命を与える。彼らは決して滅びず、だれも彼らをわたしの手から奪うことはできない。
（ヨハ 10：27-28）

永遠の命は、父なる神からイエス・キリストに託されたものだった。

父の命令は永遠の命であることを、わたしは知っている。だから、わたしが語ることは、父がわたしに命じられたままに語っているのである。
（ヨハ 12：50）

この命は現れました。御父と共にあったが、わたしたちに現れたこの永遠の命を、わたしたちは見て、あなたがたに証しし、伝えるのです。
（Ⅰヨハ 1：2）

その証しとは、神が永遠の命をわたしたちに与えられたこと、そして、この命が御子の内にあるということです。　（Ⅰヨハ 5：11）

イエス・キリストは、自分が永遠の命の授与者であることを比喩表現によっても説明している。

わたしが与える水を飲む者は決して渇かない。わたしが与える水はその人の内で泉となり、永遠の命に至る水がわき出る。　（ヨハ 4：14）

わたしは、天から降って来た生きたパンである。このパンを食べるならば、その人は永遠に生きる。わたしが与えるパンとは、世を生かすためのわたしの肉のことである。　（ヨハ 6：51）

弟子たちは、永遠の命の授与者であるイエス・キリストを宣べ、さらに異邦人へ伝道したのである。

パウロとバルナバは勇敢に語った。「神の言葉は、まずあなたがたに語られるはずでした。だがあなたがたはそれを拒み、自分自身を永遠の命を得るに値しない者にしている。見なさい、わたしたちは異邦人の方に行く」。
（使 13：46）

わたしが憐れみを受けたのは、キリスト・イエスがまずそのわたしに限りない忍耐をお示しになり、わたしがこの方を信じて永遠の命を得ようとしている人々の手本となるためでした。
（Ⅰテモ 1：16）

律法の専門家や議員から「何をしたら、永遠の命を受け継ぐことができるでしょうか」との問いかけがあったことは既述したとおりである。聖書には、イエス・キリストが与える永遠の命を受ける方法についても記されている。以下の 4 項目に要約する。

第一は、「永遠の命とは、唯一のまことの神であられるあなたと、あなたのお遣わしになったイエス・キリストを知ることです[(152)]」と記されているように永遠の命の授与者であるイエス・キリストを〈知る〉ことである。

第二は、「忍耐強く善を行い、栄光と誉れと不滅のものを求める者には、永遠の命をお与えになり[(153)]」と記されているように希望を持って、忍耐強く〈求める〉ことである。

第三は、「神は、その独り子をお与えになったほどに、世を愛された。独り子を信じる者が一人も滅びないで、永遠の命を得るためである[(154)]」と記されているようにイエス・キリストを永遠の命の授与者であると〈信じる〉ことである。

最後に「神の愛の中に自らを保ち、永遠のいのちを目あてとして、わたしたちの主イエス・キリストのあわれみを待ち望みなさい[(155)]」と記されてあるように永遠の命を期待する〈希望を持つ〉ことであると勧められている。こ

（152） ヨハ 17：3
（153） ロマ 2：7
（154） ヨハ 3：16
（155） ユダ 21［口語訳］

の希望こそが真の希望である。

2　真の希望

1938年、ナチス・ドイツのヒトラーによってオーストリアが併合された。ウイーンで精神科の医師をしていたヴィクトール・E.フランクルにもユダヤ人迫害が及んだ。両親や妻など家族全員が強制収容所で死んでしまう。しかし、フランクルだけは、アウシュヴィッツ収容所からダッハウの収容所に移送され命脈を保つ。強制収容所から解放された後、フランクルは、収容所の過酷な生と死の様子をまとめた著書『夜と霧』（原題「強制収容所におけるある心理学者の体験」）を1947年に出版する。フランクルは、解放される可能性がほとんどない、死を待つばかりの収容所の中で解放後に行いたい講演を3つ構想した。事実、解放された翌年、フランクルは、ウイーンの市民大学でその3つの講演を連続して行ったのである。その講演録が1947年に出版され、邦訳『それでも人生にイエスと言う』（春秋社）が1993年に出版されている。次のような興味深い実例が記されている。

> ほんとうに、心は病気になるのです。病気になって、最期には鼓動を打つことを止めてしまうかもしれません。つぎのようなケースについてお話しするとおわかりいただけるでしょう。昨年の三月のはじめに、当時私がいた棟で最年長だった人が私に話してくれました。その人はブダペストのオペレッタの台本作者でタンゴ作曲家でもありました。彼は、奇妙な夢を見たというのです。「二月の中頃、夢の中で、私に話しかける声が聞こえて、なにか願いごとを言ってみろ、知りたいことを聞いてみろ、ていうんだ。答えてやれる、未来を予言できる、ていうんだ。そこで、私は聞いたんだ。私にとっていつ戦争が終わるんだって。わかるかい。私にとってというのは、アメリカの部隊がやってきて私たちを解放してくれるのはいつかということだ」。「それで、その声はなんと答えたんですか」。彼は身をかがめて私の耳に口をつけ、意味ありげにささやきました。「三月三十日、だよ」。

……三月の終わりごろ、夢の声が予言した期日がどんどん近づいてきたのに、戦況はその声が正しかったとは思われないような様子でした。その人はどんどん元気を失っていきました。三月二十九日、彼は高熱を出しました。三月三十日、戦争が「彼にとって」終わるはずだったその日に、意識を失いました。そして、三月三十一日に彼は亡くなったのです。発疹チフスで亡くなったのです。[(156)]

1944年のクリスマスから1945年の新年との間に、収容所ではかつてないほど大量の死亡者が出た。原因は、労役や栄養や健康状態は通常だったので、囚人の多数がクリスマスには家に帰れるだろうとの希望に身を委ねていたことによる失望が原因と考えられた。[(157)]フランクルは、人生のコペルニクス的転換を説く。人生が自分に何かの楽しみや幸せを与えてくれると期待して生きるのではなく、人生が私に何を期待しているのかを考えて生きるというのである。[(158)]人生に楽しみがあると期待して生きる生き方ではなく、換言するならば、楽しみが期待できない人生に絶望する生き方ではなく、自分の人生に自分は何ができるかを考える生き方、つまり、人生の方が自分に期待する生き方をと説くのである。そして、フランクルは、真の希望について、次のように語る。

ここで問われなければなりません。典型的な囚人になってしまったのはいつでしょうか。その人が自分の心を没落するままにまかせたのはいつでしょうか。その答えは、心の支えをなくしたときだ、心の支えがなくなったらすぐだ、という答えになるはずです。この支えとは、二つのものにありました。つまりそれは将来にあるか、永遠にあるかでした。後者は、ほんとうに宗教的なすべての人たちの場合でした。この人たちは、将来を支えにする必要もありませんでした。将来解放されてから外の世界で自由な生活を送ることを支えにする必要もありませんでした。

(156) V. E. フランクル『それでも人生にイエスと言う』春秋社、1993年、131-132頁。
(157) 同131-132頁。
(158) 同26頁。

その人たちは、そもそも将来を体験するという、つまり強制収容所で生き延びるという無理な要求を将来の運命に負わせなくとも、気持ちをしっかりもっていることができたのです。[159]

来世における永遠の命に心の支えをおくことは、むしろ、現世の人生をゆったりとした確かなものにするというのである。

しかし、永遠に希望をおく人生とて苦難の連続で心が挫けそうになる。人生はまるで天の都に向かって苦難と葛藤の旅路を歩むようなものであると考えてジョン・バニヤンは寓意物語『天路歴程』を著した。この本は、英語圏では聖書に次いで多く読まれ、ピューリタンや『若草物語』に影響を与えた。その最終章に、キリスト者が大きな河を渡って天の都の門を通って目的地にたどり着く場面が描かれている。[160]キリスト者は、アダムとエバが取って食べ永遠に生きる者とならないようにとエデンの園から追い出されてしまったあの命の木[161]を神の楽園に見るのである。

(159) 同129-30頁。

(160) ジョン・バニヤン『天路歴程』新教出版社、1976年、278頁。

(161) 創3：22-23、黙2：7、22：2、14、19

第５章

説教演習

旧約聖書から語る

1　はじめに

日本基督教団信仰告白は、その冒頭において

> 旧新約聖書は、神の霊感によりて成り、キリストを証(あかし)し、福音の真理を示し、教会の拠るべき唯一の正典なり。されば聖書は聖霊によりて、神につき、救ひにつきて、全き知識を我らに与ふる神の言(ことば)にして、信仰と生活の誤りなき規範なり。

と告白している。すなわち、旧新約聖書の全体が正典なる聖書であって、旧約聖書と新約聖書のいずれを選んで説教を行うとしても、本質的に相違することはない。

旧約聖書から説教を行う場合、少なからず実践的諸問題に直面する。例えば、士師記には、戦争、殺人、放蕩、謀反など聖書に相応しくないと思われる場面や物語が数多く記載されており、信仰者にどのような恵みを与えるのかと考えさせられてしまう。現代の文化や倫理だけでなく士師や編集者の時代の歴史や文化の文脈を考慮しなければならない。また、ヘブル語本文の釈義、ヘブル的表現技法や旧約神学の知識など総合的な知見が要請され、かなりの時間と労力を費やさねばならない。だが、そのような労苦は、新約聖書からの説教においても同じである。本章は、旧約聖書から説教する場合の実践的諸問題に焦点を絞って概観する。

2　聖書から説教への過程

説教は、講義や講演と異なる。学問的知識を教授するのでもなく、体験談（旅行、読書、日常）を披露するのでもない。説教については、既に、加藤常昭氏が示唆に富む考察を提示しており、以下、その概要を引用しつつ、若干の論考を加える。

（１）聖書朗読と説教との関連

朗読された聖書箇所と語られる説教との関連について、氏は、「一般的なこととして、聖書は、常に説教を聞かなければわからないということになるわけではない。もしそうでなければ、一般にキリスト者がひとりで聖書を読むときにも、必ずそれに添えて説教を読まなければならないことになる。……ひとりで、聖書だけを読んでもわかるのである」と解説し、「礼拝を礼拝たらしめる〈神が語る〉という出来事が起こるために、特に召されて神の言葉に仕える職務につく者が、そこでいかなる言葉を語るのかということなのである」と説いている[(1)]。朗読される聖書箇所から敷衍して自説を開陳し、もしくは、次々と引用する聖書箇所を流転する話は「いかなる言葉を語るのか」という視点から再考を要するものと考える。

（２）み霊の働きがなければならない

神が語る説教について「聖書の言葉が、このわれわれの説教を通じて、今ここにおいて現実に聞くも者の存在を捉え、生かす言葉となるためにはみ霊の働きがなければならない」と説く[(2)]。み霊の働きは、聖書の言葉を説教者自身の言葉とするものであり、それゆえ、説教準備の段階で既に聖書の言葉は何らかのかたちで説教者と一体化されている。換言するならば、説教の言葉によって説教者自身が教えられ養われることが前提である。

（３）聞く者に届く言葉

聖書の言葉と説教者が一体化されるということは、聖書の言葉をただ単に朗読・反復するということではなく、新しい言葉での言い換え、付け加え、強調などの手続きによって、聞く者の言葉にされなければならないという。すなわち、「聖書の言葉は、過去に記されたものであるが、それがまさにその時における神の言葉の出来事の証言であるが故に、今ここでわれわれと共に、われわれのために起こる神の出来事の証言ともなる」というのである[(3)]。換言するならば、聖書の言葉に先行して、言葉が指し示す出来事があるのであって、その原事実を証言するために想像力を働かせ、聞く者に届く言葉と

(1) 加藤常昭『説教論』日本基督教団出版局、1993年、328頁。
(2) 同329頁。
(3) 同329頁。

して語るというのである。[4] 想像が、聖書の言葉に準拠していることは無論のことである。聞く者に届く言葉は、出来事についての証言であるから、空虚な巧言令色の言葉であってはならない。

（4）説教は教会的行為

説教者という職務も聖書正典信仰ももともとは教会によって成り立っているものであり、その意味において、説教は実に教会的行為であるという。[5] 教派的伝統が、説教に教派的特色を与えていることは実感するところだが、そのような教派的特色を越えてもなお説教は教会的行為である。換言するならば、説教は牧会とともにあるものと理解される。牧会は、届けられた聖書の言葉を聞く者のうちに実存的に受肉させる。学校礼拝で語られる説教も、教会に連なる教会的行為であり、聴衆への牧会が要請される。たとえば、学校のカウンセリング・センターなどでの活動が牧会の場となる。

（5）神の言葉は歴史的・地上的現実に関わる

説教は、聞く者の内に神の言葉を受肉させるとしても、それは、理性や魂の中の出来事にとどまるものでなく、肉を含む全存在、すなわち、歴史的・地上的現実に関わるものであるという。説教は、着座している聴衆に語りかけるという時空的制限内の行為ではなく、その場を超越する行為、すなわち、神の言葉をこの世に対して公に宣言する行為である。[6] 説教は、教会や学校という場、また、少数や多数という規模に左右されることのない超越的使命を帯びている。

（6）証しの文学としての聖書と説教の関わり

説教の課題に関する暫定的な結語として、加藤氏は最後に「その上で言わなければならない。聖書と一体化する説教とは、その文体、語り口、構造においても聖書的であるはずである。聖書が何らかの意味で、歴史の中に生まれたひとつの文学であるとすれば、説教もまたそのような意味おいて文学的

---

(4) 並木浩一『聖書の想像力と説教』（説教塾ブックレット 8）キリスト新聞社、2009年、34-48頁。

(5) 加藤『説教論』330頁。

(6) 同 331頁。

な言葉となる」と説く[7]。すなわち、「説教が文学的な言葉を語ること、語らざるを得ないことは、説教が解き明かす聖書が文学的な言葉を語ることによる[8]」というのである。聖書の言葉が、証言として語られているならば証言として、物語であるならば物語として、詩歌であるなら詩歌として、説教するというのである。「何を語るか」と同時に「いかに語るか」が同時的に問われる[9]。換言するならば、説教者の神学と共に文章能力・表現能力も問われるのである[10]。

聖書から説教への過程は、（ア）聖書箇所を選択する、（イ）本文を釈義する、（ウ）説教を文章化する、（エ）説教を行う、との過程であると概観される。特に、（ア）では講解型説教か主題型説教か、（イ）では通時的解釈か共時的解釈か、（ウ）では書き言葉ではなく話し言葉としての文章化、（エ）では学校礼拝か特別伝道礼拝かなどの状況把握が課題とされる。いずれの段階においても、祈りと瞑想が支配的であらねばならぬことは無論である。

3　聖書箇所の選択

2011年11月に開催された日本旧約学会秋季大会のシンポジウム「旧約学と説教」において「今日の礼拝と説教における旧約聖書の位置づけと活用」と題する発題が行われ、興味深い統計が示された[11]。日本基督教団を中心とするプロテスタント諸教会から100教会の礼拝を無作為に抽出し、2001年から2009年までの間の礼拝プログラム（週報）を収集し、旧約聖書活用の実態が調べられた。その結果は、新約聖書のみを用いる礼拝が64例、旧約聖書のみを用いる礼拝が5例、旧約聖書と新約聖書を用いる礼拝が31例で

---

(7) 同332頁。

(8) 加藤常昭『文学としての説教』日本キリスト教団出版局、2008年、87頁。

(9) 藤原導夫『まことの説教を求めて――加藤常昭の説教論』（説教塾ブックレット11）キリスト新聞社、2012年、89頁。

(10) イエス・キリストは、ナザレの会堂においてイザヤの巻物を渡されて朗読した後、「この聖書の言葉は、今日、あなたがたが耳にしたとき、実現した」と話を始めている（ルカ4：16-22）。預言の言葉を預言の言葉として語っている。

(11) 越川弘英「今日の礼拝と説教における旧約聖書の位置づけと活用」『旧約学研究』9、2012年、43-45頁。

あったという。旧約聖書のみの活用は少ないものの、何らかの形で旧約聖書が朗読されている例は、全体の３分の１以上になっている。特に興味深いことは、講解型説教や主題型説教ではなく教会暦に基づく日課型説教において、すなわち、聖書主義を標榜してきたプロテスタント教会よりもカトリック教会や聖公会の方が、毎回の礼拝において新約聖書と旧約聖書を万遍なく選択しているという事実であるという。これは、説教者がいずれの説教型を選ぶにしても、正典である旧約聖書からの説教を意識しなければならないことを示している。

旧約聖書からの説教を意識するうえにおいて考慮したいことは、朗読箇所として選択する新約聖書の箇所が旧約聖書からの引用を含む場合である。特に、引用箇所が、旧約聖書とどのような関連にあるかに留意したい。

ところで、旧約聖書引用の同定において、いささか見解の相違がある。例えば、研究者によって、613箇所、1640箇所、4150箇所など新約聖書における旧約聖書の引用の総数が異なっている。また、ネストレ版ギリシア語新約聖書は950箇所、聖書協会世界連盟版（UBS）ギリシア語新約聖書は2500箇所を旧約聖書からの引用箇所と数えている。(12)

このようなばらつきは、旧約聖書引用の型の相違に由来する。すなわち、（１）明確な引用（formal quotation）、（２）暗示的な引用（allusion）、（３）意訳的引用（paraphrase）、（４）その他、など類型の相違に由来している。(13)

（１）明確な引用とは、「聖書に書いてあるとおり」などの表現によって引用される場合である。イエス・キリストの言葉とされている箇所においても30箇所ほどこの型の引用が見られる。例えば、

聖書にこう書いてあるのを、まだ読んだことがないのか。「家を建てる者の捨てた石、これが隅の親石となった。これは、主がなさったこと

(12) Walter C. Kaiser Jr, *The Uses of the Old Testament in the New* (Chicago: Moody Press, 1985), 2.

(13) Robert G. Bratcher, ed., *Old Testament Quotations in the New Testament*, revised ed. (The United Bible Societies, 1967). 引用箇所が対比されており、暗示的な引用を（A）また意訳的引用を（P）の記号を付して区別している。

で、わたしたちの目には不思議に見える」。（マタ21：42）

家を建てる者の退けた石が隅の親石となった。これは主の御業、わたしたちの目には驚くべきこと。（詩118：22-23）

（2）暗示的な引用とは、旧約聖書の語句が新約聖書の言葉の中にとけ込んでいる場合である。イエス・キリストの言葉とされている箇所においても25箇所ほど見られる。例えば、

柔和な人々は、幸いである、その人たちは地を受け継ぐ。（マタ5：5）

貧しい人は地を継ぎ、豊かな平和に自らをゆだねるであろう。（詩37：11）

（3）意訳的引用とは、「……と書いてある」「……と命じられている」などの表現によって引用されるが、旧約聖書の言葉が言い換えられて表現されている場合である。イエス・キリストの言葉とされている箇所においても5箇所ほどこの型の引用が見られる。例えば、

「妻を離縁する者は、離縁状を渡せ」と命じられている。（マタ5：31）

人が妻をめとり、その夫となってから、妻に何か恥ずべきことを見いだし、気に入らなくなったときは、離縁状を書いて彼女の手に渡し、家を去らせる。（申24：1）

（4）その他とは、旧約聖書への概略的な言及である。例えば、イエス・キリストの言葉とされている箇所においても次のような記述がある。

[1]そのころ、ある安息日にイエスは麦畑を通られた。弟子たちは空腹になったので、麦の穂を摘んで食べ始めた。[2]ファリサイ派の人々がこれ

を見て、イエスに、「御覧なさい。あなたの弟子たちは、安息日にしてはならないことをしている」と言った。[3]そこで、イエスは言われた。「ダビデが自分も供の者たちも空腹だったときに何をしたか、読んだことがないのか。[4]神の家に入り、ただ祭司のほかには、自分も供の者たちも食べてはならない供えのパンを食べたではないか。[5]安息日に神殿にいる祭司は、安息日の掟を破っても罪にならない、と律法にあるのを読んだことがないのか。[6]言っておくが、神殿よりも偉大なものがここにある。[7]もし、『わたしが求めるのは憐れみであって、いけにえではない』という言葉の意味を知っていれば、あなたたちは罪もない人たちをとがめなかったであろう。[8]人の子は安息日の主なのである」。

（マタ 12：1-8）

上記の3節と5節の「読んだことがないのか」の箇所を *Old Testament Quotations in the New Testament* では、引用箇所として掲げられていない。しかし、以下の箇所に言及していることは明らかである。

ダビデは立ち去り、ヨナタンは町に戻った。ダビデは、ノブの祭司アヒメレクのところに行った。ダビデを不安げに迎えたアヒメレクは、彼に尋ねた。「なぜ、一人なのですか、供はいないのですか」。ダビデは祭司アヒメレクに言った。「王はわたしに一つの事を命じて、『お前を遣わす目的、お前に命じる事を、だれにも気づかれるな』と言われたのです。従者たちには、ある場所で落ち合うよう言いつけてあります。それよりも、何か、パン五個でも手もとにありませんか。ほかに何かあるなら、いただけますか」。祭司はダビデに答えた。「手もとに普通のパンはありません。聖別されたパンならあります。従者が女を遠ざけているなら差し上げます」。ダビデは祭司に答えて言った。「いつものことですが、わたしが出陣するときには女を遠ざけています。従者たちは身を清めています。常の遠征でもそうですから、まして今日は、身を清めています」。

（サム上 21：1-6）

アロンはイスラエルの人々による供え物として、安息日ごとに主の御前に絶えることなく供える。これは永遠の契約である。このパンはアロンとその子らのものであり、彼らはそれを聖域で食べねばならない。それは神聖なものだからである。　　（レビ 24：8-9）

因みに、マタイ福音書 12 章 7 節は、ホセア書 6 章 6 節からの明確な引用であり、*Old Testament Quotations in the New Testament* にも引用箇所として示されている。[14]

4　旧約釈義の実例

説教を担当する者は、聖書の言葉についての質問を少なからず受ける。質問は、聖書本文釈義を現実に適用する絶好の機会であり、積極的に対応することにしている。あるとき、詩編 51 編 18-19 節に関し質問が寄せられた。

もしいけにえがあなたに喜ばれ、焼き尽くす献げ物が御旨にかなうのなら、わたしはそれをささげます。しかし、神の求めるいけにえは打ち砕かれた霊。打ち砕かれ悔いる心を、神よ、あなたは侮られません。

（詩 51：18-19）

この箇所は、三浦綾子が「事情はよく知らなくても、はなはだ心うたれ、強く心惹かれた。打ち砕かれた謙遜な魂の叫びは、わたしたちの心を感動させずにはおかないのであろう」と評しているように、多くの読者の心をとらえる箇所である。[15] 質問は、新共同訳と口語訳の訳文が異なるのは何故かというものだった。口語訳では 16-17 節が対応し、以下のとおりである。

あなたはいけにえを好まれません。たといわたしが燔祭をささげても、あなたは喜ばれないでしょう。神の受けられるいけにえは砕けた魂です。神よ、あなたは砕けた悔いた心を、かろしめられません。

---

(14)　Bratcher, ed., *Old Testament Quotations in the New Testament*, 7.

(15)　三浦綾子『旧約聖書入門』光文社、1974 年、218 頁。

特に、問われたのは、前半部分である。

もしいけにえがあなたに喜ばれ、焼き尽くす献げ物が御旨にかなうのなら、わたしはそれをささげます。〈新共同訳〉

あなたはいけにえを好まれません。たといわたしが燔祭をささげても、あなたは喜ばれないでしょう。〈口語訳〉

比較すると、両者の意味は反対ではないかとの印象を受ける。因みに、英訳（KJV）は For thou desirest not sacrifice; else would I give it: thou delightest not in burnt offering. である。マソラ本文は以下のとおりである。

תִרְצֶה	לֹא	עוֹלָה	וְאֶתֵּנָה	זֶבַח	לֹא־תַחְפֹּץ	כִּי
you desire	not	offering	and I give	sacrifice	you do not delight	for

直訳を試みるならば、以下のようになる。直訳は口語訳に類似である。

確かに、あなたは、いけにえを喜ばない、私がささげても。
焼き尽くすささげものをあなたは望まない。

ところで、BHS（Biblia Hebraica Stuttgartensia）の欄外に 70 人訳（LXX）の読みに関する注が付されている。それを手がかりに参照すると、70 人訳は **לֹא**「ない（not）」を **לֻא**「もし（if）」に読み替えているとわかる。70 人訳は以下のとおりである。

ὅτι εἰ ἠθέλησας θυσίαν, ἔδωκα ἄν·
ὁλοκαυτώματα οὐκ εὐδοκήσεις.

For if you desire sacrifice, I would have given it,
whole-offerings you do not desire.

ここで興味深いことは、70人訳は、最初の、לֹא を לֻא に解して εἰ と訳するが、2つ目の לֹא は、לֻא ではなく לֹא のまま、すなわち、οὐκ と訳出している。他方、新共同訳は、「もしいけにえがあなたに喜ばれ、焼き尽くす献げ物が御旨にかなうのなら、わたしはそれをささげます」と訳出しているようにに2つの לֹא ともに לֻא に解していると推察される。ここに至り質問者に答え得る内容が整ったのである。

5　釈義から説教へ

前述のような釈義の過程は、説教の材料を提供するものであり、材料であるがゆえに、聖書研究会ならまだしも、説教において披露することは極力自制すべきである。むしろ、聖書本文を釈義する過程において、並木浩一氏が指摘するとおり、言葉に先行する出来事を想像することが大切である。(16)

> 聖書においては出来事が言葉に先行する。聖書の読み替えにも関係します。読み替えは言葉が主役です。想像力は言葉によって触発されます。ですから想像力だけを問題にすると、勝手な読み方になってしまうし、言葉が独立した意味を持つのです。しかしそうなっては具合が悪い。聖書はそうではない。実は「言葉」が重要なのだけれど、その前に「出来事」があるのです。方向を逆に見れば、出来事があるから、それを受け止めるために豊かな言葉が形成されてきた。それをさらに読み替えるために想像力を働かせなければならない。それが意味を発揮する。聖書神学的な根拠付けとなるでしょう。

聖書の言葉から出発し、想像力に導かれて出来事に辿り着く。その後、再び、出来事から出発し、説教の言葉へと旋回する。しかしそのような道程を辿るとしても、氏が指摘するように、言葉との関連においての想像力であって、言葉から離れての想像は勝手な読み方、もしくは、似て非なる出来事に到達することになる。あくまでも、聖書の言葉との結びつきが前提である。

---

(16)　並木『聖書の想像力と説教』34頁。

以前に質問された章句があるので、その聖書箇所を取りあげて事例の論考を進めたい。聖書箇所はマタイ福音書5章3節である。

> 心の貧しい人々（οἱ πτωχοὶ）は、幸いである、
> 天の国はその人たちのものである。　（マタ5：3）

「心が貧しい」とは、日常の日本語では「心底が卑しい」とか「さもしい」など品性が下劣なさまを表現する言葉として使われているが、聖書は、それを幸いだと言っているのは何故かと質問されたのである。そこで、注解書を参照してみると、以下のような説明が記されている。[17]

> 自らの内に救いの可能性を全く認め得ない人々、神にのみより頼まざるをえないことに気づいている謙虚な人々を指す。それはイザ61・1以下の約束が実現される終末の時が始まったという宣言の言葉である。

「心が貧しい者」とは「謙虚な人々」であるとの説明である。そのことを立証する聖句としてイザヤ書61章1節以下が挙げられている。

> 主はわたしに油を注ぎ、主なる神の霊がわたしをとらえた。わたしを遣わして、貧しい人に良い知らせを伝えさせるために。打ち砕かれた心を包み、捕らわれ人には自由を、つながれている人には解放を告知させるために。　（イザ61：1）

ここで注目するのは「貧しい人」との記述である。当該箇所のマソラ本文は以下のとおりである。

עֲנָוִים	לְבַשֵּׂר	אֹתִי	יְהוָה	מָשַׁח
meeks	to bring news	me	the Lord	anointed

(17)　橋本滋男「マタイによる福音書」『新共同訳新約聖書略解』日本基督教団出版局、2000年、34頁。

直訳すると「主は、貧しい者たちに良き知らせを伝えるために、私に油を注いだ」となる。「貧しい者たち」と訳出されている עֲנָוִים は“poor, weak and afflicted”を意味する語であるが、“humble, lowly, meek”などの意味も有する(18)。確かに、70人訳は עֲנָוִים に πτωχοὶ のギリシア語を充てている。それゆえ、マタイ福音書５章３節の「貧しい人々（οἱ πτωχοὶ）」の単語を読む場合、עֲנָוִים を連想し、「謙虚な人々」と解することには根拠があると言える。

聖書の言葉を手がかりに想像力を働かせてみたい。同じく עֲנָוִים が使われているイザヤ書29章19節に注目する。

> 苦しんでいた人々（עֲנָוִים）は再び主にあって喜び祝い
> 貧しい人々（אֶבְיוֹנֵי）はイスラエルの聖なる方のゆえに喜び躍る。
> （イザ29：19）

散文においても同義的並行法構造は観察される。同義的描写は19節だけでなく、当該文脈において展開されている。

> [18]その日には、耳の聞こえない者が、書物に書かれている言葉をすら聞き取り、盲人の目は暗黒と闇を解かれ、見えるようになる。[19]苦しんでいた人々は再び主にあって喜び祝い、貧しい人々は、イスラエルの聖なる方のゆえに喜び躍る。[20]暴虐な者はうせ、不遜な者は滅び、災いを待ち構える者は皆、断たれる。[21]彼らは言葉をもって人を罪に定め、町の門で弁護する者を罠にかけ、正しい者を不当に押しのける。
> （イザ29：18-21）

貧しい者や苦しんでいる者たち、すなわち、虐げられている者たちへ与えられる解放の喜びが描写されている。それは、イスラエル回復の希望に溢れる喜びでもある。マタイ福音書５章３節の「心の貧しい人々（οἱ πτωχοὶ）

(18)　F. Brown, S. R. Driver and C. A. Briggs, *A Hebrew and English Lexicon of the Old Testament* (Oxford: Clarendon, 1907), 776.

は幸いである」の章句にイスラエル歴史の深遠に連なる想像が与えられた思いがする。

6　旧約聖書から説教する意義

旧約聖書から説教する意義に関し、荒井章三氏の文章が示唆を与えてくれる。[19]

> キリスト教会はユダヤ教の正典を否定することはなかった。教会は自明のこととして旧約聖書を用いたのであり、それを彼らの信仰の重要な根拠の一つと見なしていた。少なくとも、「ルカによる福音書」二四章四四節の「イエスは言われた。『わたしについてモーセの律法と預言者の書と詩編に書いてある事柄は、必ずすべて実現する』」という記述は、「ルカによる福音書」が成立したと言われる後八〇年のルカを取り巻く原始キリスト教会が、「律法」、「預言者」、「諸書」という順序で書かれた聖書、つまりユダヤ教が使用していたタナッハを利用したことを示唆している。……そもそも、イエスがキリストであるという信仰の命題は、旧約聖書なしには理解できなかったからである。

すなわち、新約聖書だけでなく旧約聖書の言葉もまた礼拝において朗読され、説教の言葉として告げられることは、実に、キリスト教の福音をこの世に公に宣言する行為であり、信仰告白を具現化する出発を告げることである。それは、また、「聖書の六十六冊を正典として告白することは、キリスト教と他の宗教を区別するだけでなく、キリスト教全体の一致を示す重要な帯といえる」ことである。[20]

7　説教演習

説教者は、語るべき内容を整え、それを語る。説教学の学びにおいて、日

(19)　荒井章三「旧約聖書とは何か」『旧約聖書を学ぶ人のために』世界思想社、2012年、18-19頁。

(20)　倉松功『キリスト教信仰概説』聖学院大学出版局、1993年、16頁。

本の古典芸能の落語から学ぶことを勧められたことがある。落語の語りは、既に出来上がっている台本を臨場感溢れるように語る芸能である。対照的に説教者は、聖書をテキストに据えて説教の〈台本〉を作り、それを語る。落語から学ぶということは、説教者の使命の後者の部分、語りと関わる事柄である。とするならば、講談や浪曲なども参考になるはずである。パウロは、コリントの信徒への手紙において「わたしのことを、『手紙は重々しく力強いが、実際に会ってみると弱々しい人で、話もつまらない』と言う者たちがいる[(21)]」と告白している。パウロのこの言葉は、説教者には慰めである。教会の聴衆が忍耐している間に聞くことのできる説教を語れるようにと筆者も自分に言い聞かせたものだった。

説教をどのように語るのかについて学ぶのが説教演習である。説教全文を原稿に書き下すとしても、聞くための原稿の言葉や文構造は、読むためのものとは異なる。たとえば、説教原稿では、指示代名詞を避け、むしろ繰り返して表現する方が聞いて分かりやすい。漢語表現や過度な副詞表現を避け、不要な間投詞や気になる口調の是正にも努めた。服装や仕草、視線の位置や声量などへの配慮もある。その中で一番重要と思うことは、説教全体の構成（アウトライン）と時間配分である。てんこ盛りの内容や注解書を走る内容では、聴き手の理解の許容限度を超えてしまう。説教を自分のものにするには経験年数が必要と思われる。説教演習（自己点検と相互評価）の実践として、25分ほどの旧約聖書に基づく待降節の礼拝説教、および、8分ほどの学校礼拝説教を以下に収載する。

説教題「主を待ち望む」（詩編130編1-8節、ヨハネ1章14-18節）

詩編130編

[1]【都に上る歌。】
深い淵の底から、主よ、あなたを呼びます。
[2]主よ、この声を聞き取ってください。
嘆き祈るわたしの声に耳を傾けてください。

---

(21)　Ⅱコリ10：10

[3] 主よ、あなたが罪をすべて心に留められるなら
主よ、誰が耐ええましょう。
[4] しかし、赦しはあなたのもとにあり
人はあなたを畏れ敬うのです。
[5] わたしは主に望みをおき
わたしの魂は望みをおき
御言葉を待ち望みます。
[6] わたしの魂は主を待ち望みます
見張りが朝を待つにもまして
見張りが朝を待つにもまして。
[7] イスラエルよ、主を待ち望め。
慈しみは主のもとに
豊かな贖いも主のもとに。
[8] 主は、イスラエルをすべての罪から贖ってくださる。

ヨハネ 1 章 14–18 節

[14] 言(ことば)は肉となって、わたしたちの間に宿られた。わたしたちはその栄光を見た。それは父の独り子としての栄光であって、恵みと真理とに満ちていた。[15] ヨハネは、この方について証しをし、声を張り上げて言った。「『わたしの後から来られる方は、わたしより優れている。わたしよりも先におられたからである』とわたしが言ったのは、この方のことである」。[16] わたしたちは皆、この方の満ちあふれる豊かさの中から、恵みの上に、更に恵みを受けた。[17] 律法はモーセを通して与えられたが、恵みと真理はイエス・キリストを通して現れたからである。[18] いまだかつて、神を見た者はいない。父のふところにいる独り子である神、この方が神を示されたのである。

説教

［起］

最初のクリスマスから、既に、2000 年ほどの年が過ぎました。今日の私

たちは、自由に聖書を読むことができます。特に、福音書を読むことによって、イエス・キリストの誕生を知ることができます。たとえば、羊飼いたちに現れた天の大軍、占星術の学者たちの捧げた宝物、家畜小屋に寝かされた赤子、しかも、この赤子が最後に十字架につくことなども知ることができます。まるで、未来を見る預言者のようです。

しかし、イエス・キリスト誕生以前の人々、旧約聖書の時代の人々は、そうではありませんでした。メシアの到来を信じていたのですが、それがいつなのか、また、その時なにが起きるのかについて、はっきりと知ることはありませんでした。換言するならば、旧約聖書の時代の人々は、待降節の時代を生きていた人々だったと表現することができます。旧約聖書の時代の人々は、羊飼いや占星術の学者のように見ようとしたのではなく、メシア誕生の本質的な意味に関心を寄せていたのです。何のためにメシアがこの世に降ってくるのか、メシア到来の目的を、一生懸命に知ろうとしていたのです。

そのような旧約聖書の人物の中に、本日開きました聖書の箇所、詩編130編の詩人もいました。今朝は、詩編130編を中心に、イエス・キリスト誕生の意義について、ご一緒に考えたいと願っています。

［承］

さて、詩編130編1-6節の箇所に注目します。この箇所をただ平面的に読むのではなく、内容を6つに分け、それぞれに鍵となる言葉に注目しながら、階段に譬えて読んでいきたいと思います。まず、最初に3つ階段を下がってゆくように読み、その後、上り階段を3段上がるように読むというような組み立てで読みたいと思います。

まず1段目の下り階段です。この段の鍵となる言葉は、1節の「深い淵の底」です。「深い淵の底」という表現は、「海の底」や「沼の底」の意味で使われている表現で、光も届かない深い場所であると想像されます。まるで、心の奥底、真っ暗な心の底から「主よ」と叫んでいる詩人の姿が連想されます。

さて、さらに1段下がると、第2段目の鍵となる言葉が現れてきます。2節の「嘆き祈るわたしの声」です。「嘆き祈る」は、ただ祈るのではなく、なりふり構わず「懇願する」「嘆願する」叫びの祈りです。詩人は、「私の声を聞いてくれ」「あなたの耳をそばだててくれ」と叫んでいます。なぜそれほどに、詩人は切羽詰まって叫び祈るのでしょうか。

さらに1段下がり第3段目にくると、詩人の嘆く理由がはっきりとなります。鍵の言葉は「罪」です。3節「主よ、あなたが罪をすべて心に留められるなら、主よ、誰が耐ええましょう」と詩人は語ります。自らの罪を問題にしていたのです。ここでの罪とは、「ねじ曲がった行い」「裁きが必要なほどの堕落」のことです。誰も見ることのできない心の奥底にある罪を見つめた詩人は、まさに、深い淵の底から叫ぶ者となったのです。

しかし、真っ暗な闇は、真っ暗なままで広がってはいませんでした。目の前にうっすらと上りの階段が浮かび上がってきたのです。詩人は、ためらわず、その階段を上り始めます。

上り階段の第1段目の鍵は「赦し」です。4節「赦しはあなたのもとにあり」と詩人は断言しています。紀元5世紀のことですが、罪を自分の能力や努力によって消し去ることができると考えた学者がいました。健康で能力抜群、品行方正で意志が強く、寸分の隙もない指導者だったと思われます。彼は、功徳を積む事によって罪の赦しに参与できると考えたのです。しかし、詩編130編の詩人は、はっきりと「罪の赦しは、主にある」と断言しています。

さらにもう1段上ると、深い淵の中に異なる景色が見えてきます。5節と6節の言葉「望み」そして「希望」です。主に望みを置き、主の言葉を待ち望むというのです。詩人は、叫び求めることをやめ、罪を赦す主の到来を待ち望み始めます。

さてさらにもう1段上り3段目までくると、そこは、もはや、絶望の暗闇ではありません。詩人は見張り番のような気持ちになります。すなわち、朝日の光が差し込むのを待つ見張り番の気持ちになったのです。夜明けの光の到来を待ち望む、それは、罪を赦す主の到来を待ち望むこと、待降節の真の意味を表している表現です。

［転］

さて、130編の詩人が待ち望んだ罪の赦しとは、どのような許しだったのでしょうか。何年か前のことですが、罪に関して忘れられない問答をクラスの学生としました。それは、盗みに関する問答でした。

学生に「君の財布から私がお金を盗んだら、それは罪ですか」と問うと、学生は「お金を盗むことは罪です」と即座に答えました。

「では、どうしたら、君は、その罪を許してくれますか」とさらに尋ねると、「お金を返し、心から謝罪してください。そうすれば罪を許します」と学生は答えました。

そこで私は「ではそのようにしたらお金を盗んだ私の罪は消えますね」と尋ねますと、学生は「いいえ！　私が許しても、お金を盗んだ罪は消えません」と断言しました。

「では、どのようにしたら、盗んだ罪を消すことができますか」とさらに聞くと、彼は、こんどは、しばらく考えた後に「私には分かりません」と静かに答えました。

ここで問題としている「ゆるし」とは、罪を消し去る「ゆるし」です。旧約聖書の人々は、罪の赦しは、命をもってしかなし得ないと考えました。しかし、罪の赦しのために自分の命をささげるならば、自分は死んでしまいます。そこで、代わりに動物の命をもって罪の贖いを行ったのです。問題は、動物の命による贖いは、不完全だということです。すなわち、そこから得られる赦しもまた不完全であるということです。ですから贖いは繰り返し行われたのでした。旧約時代の人々は、他方、完全な赦しを望みました。罪を完全に贖うことのできるメシアの到来を待ち望んだのです。まるで、朝の光を待ち望む見張りのように待ち望んだのです。換言するならば、旧約聖書の人々は、待降節を生きた人々だったのです。

ヨハネ福音書は、イエス・キリストの誕生を、「言は肉となって、わたしたちの間に宿られた。わたしたちはその栄光を見た。それは父の独り子としての栄光であって、恵みと真理とに満ちていた」と表現しています。また、「光は、まことの光で、世に来てすべての人を照らす」「光は暗闇の中で輝いている」とも表現しています。イエス・キリストの誕生を、暗闇に差し込んだ一条の光に譬えています。それは、まさに、朝日を目撃した見張りと重なり合う表現です。

今、私たちは、イエス・キリストの誕生以後、2000年ほど後の時代に生きています。イエス・キリストの十字架だけでなく、教会の2000年間の盛衰の歴史など多くのことを知る者となっています。イエス・キリストの誕生を待つ者の期待は、昔も今も、ただ一点に集中します。すなわち、イエス・キリスト誕生の本質的意義に集中します。それは、見張りが待ち望んだ朝日の到来であり、また、恵みと真理とに満ちたまことの光の到来のことです。イエス・キリストが、罪を消し去る救い主として到来したということです。

［結］

先ほど紹介した学生との問答の最後は「罪を消し去る方法を知りません」という言葉でした。しかし、私たちはそのようには答えません。赦しが、イエス・キリストにあって実現したことを知っているからです。

私たちは、その一点に集中します。すなわち、罪の赦す贖い主イエス・キリストを見上げつつ、待降節第3週目の日々を過ごしたいと思います。

説教題「地の塩、世の光」（マタイによる福音書5章13-16節）

[13] あなたがたは地の塩である。だが、塩に塩気がなくなれば、その塩は何によって塩味が付けられよう。もはや、何の役にも立たず、外に投げ捨てられ、人々に踏みつけられるだけである。[14] あなたがたは世の光である。山の上にある町は、隠れることができない。[15] また、ともし火をともして升の下に置く者はいない。燭台の上に置く。そうすれば、家の中のものすべてを照らすのである。[16] そのように、あなたがたの光を人々の前に輝かしなさい。人々が、あなたがたの立派な行いを見て、あなたがたの天の父をあがめるようになるためである。

説教

［起］

東北学院は、本年（2019年）で、創立133周年を迎えています。3人の人物、押川方義、W. E. ホーイ、D. B. シュネーダーたちは、キリスト教信仰を土台にして東北学院を建てました。今日、東北学院は、この3人を三校祖と呼んで尊ぶとともに、キリスト教信仰の要である聖書の言葉を大切にしております。「地の塩、世の光」は、本学のキャンパスに掲げられるなど、折に触れて引用されている聖句です。

［承］

本日の聖書箇所は、「地の塩、世の光になりなさい」ではなく、皆さんが既に「地の塩である。世の光である」と断言しています。むしろ、勧められていることは、「塩が塩気を失うな」「光を輝かしなさい」です。

ところで、塩化ナトリウムはイオン結晶ですから、不純物はさておき、「塩が塩気を失う」の表現に若干違和感を覚えるかもしれません。「塩気を失う」の原文の言葉には、「味を失う」だけでなく「愚かになる」の意味もあります。直訳するならば、「塩が味を失う」「塩が愚かになる」です。これでは不本意な日本語表現になりますから「塩に塩気がなくなれば」と訳したものと推察されます。

［転］

この「愚かになる」の単語は、新約聖書では数カ所だけに使われている言葉で、調べてみますと、使徒パウロが興味深い文脈において用いています。引用します。ローマの信徒への手紙1章22節「自分では知恵があると吹聴しながら愚かになり」です。「愚かになる」ことを「自分では知恵があると吹聴する」と説明しています。

［結］

本日の聖書箇所は、「塩は、愚かになることなく」「光を人々の前に輝かしなさい」と明言しています。換言するならば、自ら知恵があると思い上がることなく、それぞれに与えられている光を輝かしなさいというのです。「人々があなたがたの天の父をあがめるようになるためである」とも宣言されています。聖書の言葉によって味付けされている私たちは、地の塩、世の光です。光を輝かすことのできる歩みをなす者でありたいと願います。

おわりに

新約聖書コリントの信徒への手紙二13章5節に次のような言葉が記されている。

> 信仰を持って生きているかどうか自分を反省し、自分を吟味しなさい。あなたがたは自分自身のことが分からないのですか。イエス・キリストがあなたがたの内におられることが。あなたがたが失格者なら別ですが……。

反省や吟味という言葉に出合うと、3人の青年のことを思い出す。新米牧師としてある教会に赴任した30歳前のことである。立て続けに3人の独身青年が教会の門を叩いた。1人目は仏教系の団体の経験者、2人目は教会に通ったことのある求道者、3人目は建具職人の若者だった。3人に平等に接したが、やがて、最初の青年が来なくなった。会って話してみると、教会は礼拝ばかりで社会活動をおろそかにしている、福祉活動に参与すべきだと主張した。しばらくして、2人目の青年が教会出席をやめると告げてきた。理由を聞くと、前の教会の牧師は食事に自分を招いてくれたが、この教会の牧師は誘ってくれなかったというのである。私自身反省、吟味させられた。しかし、3人目の青年は、相変わらず継続して教会に通ってくる。ある日、教会に通う理由を尋ねてみた。

彼はいつものように柔和な笑顔のゆっくり口調で話し始めた。「熱心な仏教系団体の信者である両親から、夜寝る前に今日の一日を反省しなさいと小さい頃から躾けられて育ちました。教会の教えはどんなものかと興味を持って通い始めたのですが、日曜日の夜は、礼拝説教の内容を思い出して反省しました。また聖書箇所を再度開いて自分を吟味しました。それが今も続いているのです」。彼は、聖書の言葉に繋がっていたのだ。

彼は、やがて、洗礼をうけ、結婚し、教会の役員にも選ばれ、充実した歩みをした。私は留学のため教会を辞し渡米した。しばらくして、彼が癌のため亡くなったとの報が届いた。

聖書の言葉によって自分を顧み、謙虚に誠実に生きることは、豊かに成長する秘訣でもある。「心の貧しい人々（謙虚な人々）は、幸いである、天の国はその人たちのものである[(1)]」の聖句とともに彼を思い出すのである。『命のファイル』は、時代や場所を超越して、それぞれの人生において臨んでくる命の課題のファイルでもある。

(1) マタ5：3

あとがき

アレックス・ガーランド監督・脚本による2015年イギリス映画『エクス・マキナ』[(1)]を遅ればせながらテレビ鑑賞した。人工知能の女性型ロボットがその製作IT企業の社長を殺し、人間として生きる夢を実現するという筋書きだ。ロボットが擬似的人間になるという欧米ロボット観の極限値的結末である。ノルウェーの自然を背景とした美しい画像は、その年のアカデミー賞視覚効果賞を受賞している。しかし、映画の内容は、欧米ロボット観であるフランケンシュタイン・コンプレックスの域を脱していない。筆者の拙論「ロボットとキリスト教――ロボット開発と創造信仰の相対」『東北学院大学教養学部論集』151号（2008年）の論旨と関連している。ロボットへの理解は年を追う毎にその重要性を増し、最近は人間とロボットとの共生を真剣に考えなければならない時代になっている。

本書第1章「ロボットと命――アイボからフランケンシュタインへ」は、続編的論文の「いのちの始まり（エレ1：5、詩139：16）」『Exegetica』20号（2009年）を統合させて加筆更新したものである。

第2章「戦禍と命――テロからグローバリズムへ」は、ギリシアの正義の戦争から、エッセネ派、十字軍、メノナイト派の非戦論を辿り、今日のテロや正戦論に到るまでの戦争の諸相を概観したものである。下記の論文や講演を統合し、加筆、更新し、読み易くしたものである。

『旧約聖書と戦争』教文館（2000年）

The Concept of War in the Book of Judges: A Strategical Evaluation of the Wars of Gideon, Deborah, Samson, and Abimelech (Tokyo: Gakujyutsu Tosho Shuppan-sha, 2001/8)

---

(1) Ex Machina

「9月11日の衝撃——国際秩序の地殻変動」東京ミッション研究所フォーラム講演、東京お茶の水キリスト教会館（2002年1月）
「平和への諸相——2001年9月11日の衝撃」『東北学院大学教養学部論集「人間・言語・情報」』136号（2003年）
「平和・シャローム（שלום）・聖戦（ジハード）」『東北学院大学キリスト教研究所紀要』22号（2004年）
「旧約聖書・戦争と平和」『季刊教会』67号（2007年）

第3章「厄難と命——ヨブとエリフの不条理克服」は、2016年日本基督教学会東北支部学術大会にて発表した「エリフ弁論の要点——神の言葉による焙出」〔Crucial Point of Elihu's Argument Exposed by the Lord's Words〕に基づく論文「神の言葉の焙出によるヨブ記エリフ弁論の要点——因果応報の原理と不条理の超克」『東北学院大学文学部総合人文学科論集「人文と神学」』12号（2017年）を加筆修正したものである。筆者も東日本大震災において自宅半壊判定を受けた。

第4章「死なない命——来世をかいま見る」は、家族親戚同僚の死や知人の会社社長の病床での質問「死後について説明してくれないか」を想起しつつ記したものである。臨死体験については、日々生死に直面している医師の証言を主に用いた。福音や永遠の命はキリスト教信仰の中心主題であるだけでなく人間の現世の生を支える根本である。

第5章「説教演習——旧約聖書から語る」は、「旧約聖書とイエス・キリストの言葉」日本基督教団横手教会創立記念講演会（2011年10月）や「旧約聖書と説教：旧約聖書からの説教——実践的課題」東北学院大学文学部総合人文学科第6回教職研修セミナー（2012年8月）の講演に基づく論文「旧約聖書からの説教——実践的課題」『東北学院大学文学部総合人文学科論集「人文と神学」』4号（2013年）を加筆、修正、更新したものである。礼拝説教は、キリスト教学校の重要要件というだけでなく筆者の神学生時代以来の課題でもある。

なお、本書では原語や聖書箇所を極力脚注に記し読み易さにつとめた。原語や原文に興味のある方は、是非、脚注を参照されたい。

本書『命のファイル』は，多くの先生や関係者の支えによって成立した。お名前を挙げて謝意を表したいと願うが紙幅の関係上心ならずも断念せざるを得ない。一人一人のお姿を心に思い浮かべながら感謝申し上げる次第である。末筆ながら，本書の出版にご助言とご助力をいただいた教文館洋書部上島和彦氏と出版部髙橋真人氏に御礼申し上げる。

2019年1月16日　仙台にて

〈著者紹介〉

佐々木哲夫（ささき・てつお）

1949年7月11日宮城県生まれ。東北大学工学部精密工学科（工学士）、同大学院工学研究科精密工学専攻（工学修士）、日本精工株式会社技術研究所〔1974年〕、聖書神学舎（M.Div. equiv.）、Trinity Evangelical Divinity School（Th.M.）、The University of Chicago（The Department of Near Eastern Studies）、Lutheran School of Theology at Chicago（Th.M.）、Asian Graduate School of Theology（Th.D.）。現在、日本基督教団正教師、東北学院大学名誉教授。著書に『旧約聖書と戦争——士師の戦いは聖戦か？』（教文館、2000年）、『はじめて学ぶキリスト教』（共著、教文館、2002年）など。

命のファイル
ロボット・テロ・不条理・来世と旧約聖書

2019年3月30日　初版発行

著　者　佐々木哲夫
発行者　渡部　満
発行所　株式会社　教文館
〒104-0061 東京都中央区銀座4-5-1
電話 03(3561)5549　FAX 03(3250)5107
URL　http://www.kyobunkwan.co.jp/publishing/
印刷所　株式会社　三秀舎

配給元　日キ販　〒162-0814 東京都新宿区新小川町9-1
電話 03(3260)5670　FAX 03(3260)5637

ISBN 978-4-7642-7430-3　Printed in Japan